MANDALA DA COLORARE CLASSICI E DI ANIMALI

Libro antistress da colorare con fantastici mandala misti. Libro per bambini e adulti

THOMAS BLUE

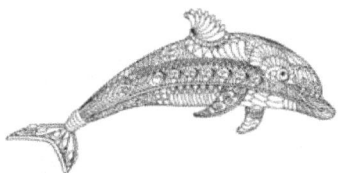 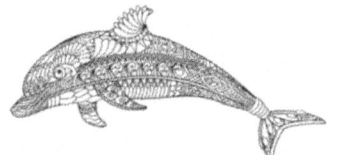

CONSIGLI PRATICI PER COLORARE

Consigliamo di porre un cartoncino dietro la pagina da colorare. In questo modo si eviterà, in caso di calcatura più forte con pennarelli, che il colore penetri. Suggeriamo comunque di colorare le opere con le matite colorate

RICORDA: inserisci una recensione del mandala che preferisci già colorato!

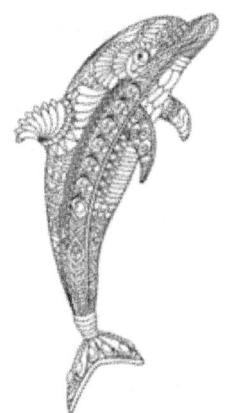 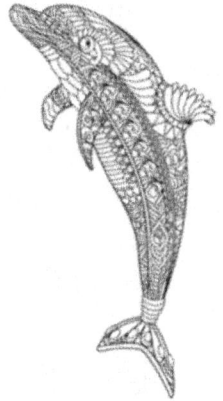

© Copyright 2020 di Thomas Blue- Tutti i diritti riservati.

Questo documento è finalizzato a fornire informazioni esatte e affidabili in merito all'argomento e al tema coperto. La pubblicazione viene venduta con l'idea che l'editore non sia tenuto a render conto contabile, ufficialmente consentito, o altrimenti, servizi qualificati. Se il consiglio è necessario, legale o professionale, va ordinato un individuo praticato nella professione.

- da una dichiarazione di principi che è stata accettata e approvata ugualmente da un comitato dell'American Bar Association e da un comitato di editori e associazioni. Questo libro è protetto da copyright. Questo è solo per uso personale In nessun modo è legale riprodurre, duplicare, o trasmettere qualsiasi parte di questo documento, sia in formato elettronico che in formato stampato. La registrazione di questa pubblicazione è severamente vietata, e qualsiasi archiviazione di questo documento non è consentita a meno che con il permesso scritto dell'editore. Tutti i diritti riservati. I rispettivi autori possiedono tutti i diritti d'autore non detenuti dall'editore. L' informazione qui è offerta a fini informativi esclusivamente ed è universale così. La presentazione delle informazioni è priva di contratto o di qualsiasi tipo di garanzia di garanzia. Qualsiasi riferimento ai siti web è fornito solo per convenienza e non può in alcun modo servire come avallo. I materiali di quei siti web non fanno parte dei materiali in questa pubblicazione e l'utilizzo di quei siti web è a proprio rischio. I Marchi che vengono utilizzati sono senza alcun consenso, e la pubblicazione del marchio è senza permesso o supporto da parte del titolare del marchio. Tutti i marchi e le marche all'interno di questo libro sono a scopo di chiarimento solo e sono di proprietà dei proprietari stessi, non affiliati a questo documento.

MANDALA DA COLORARE CLASSICI E DI ANIMALI

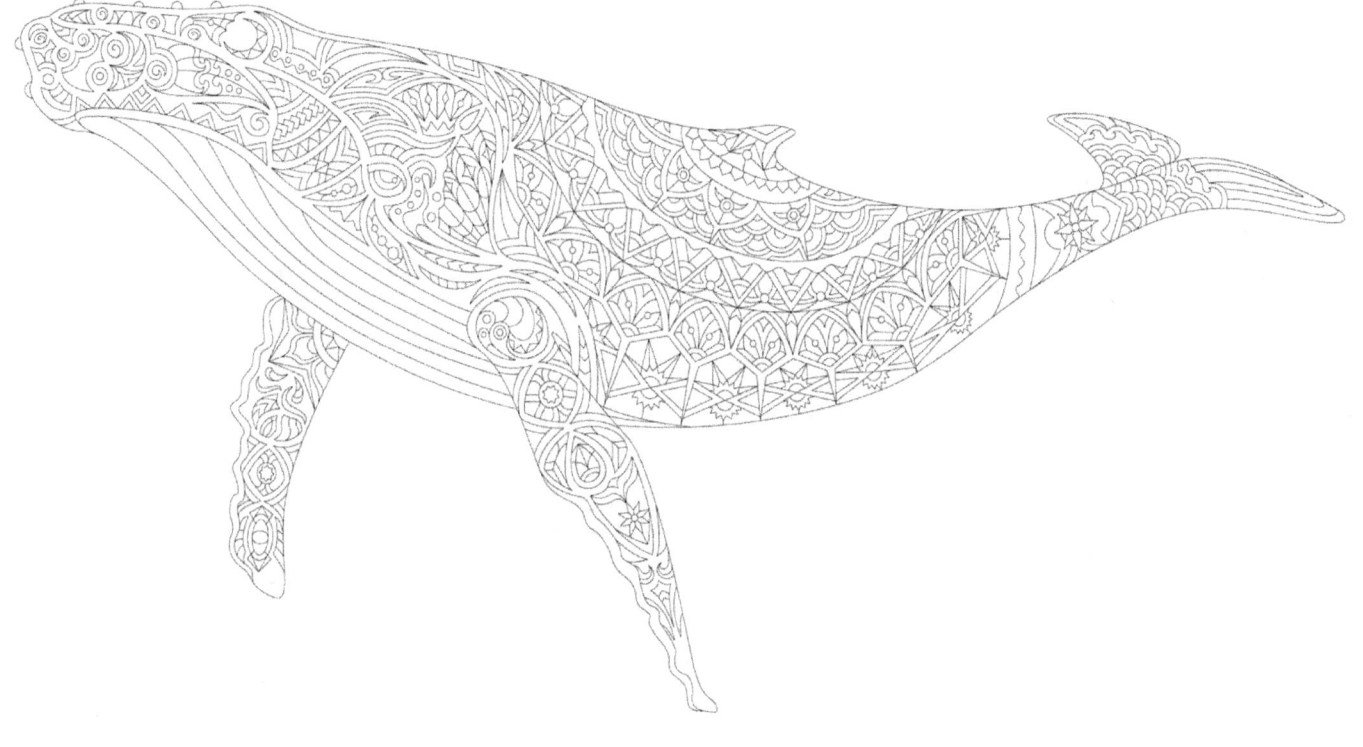

MANDALA DA COLORARE CLASSICI E DI ANIMALI

MANDALA DA COLORARE CLASSICI E DI ANIMALI

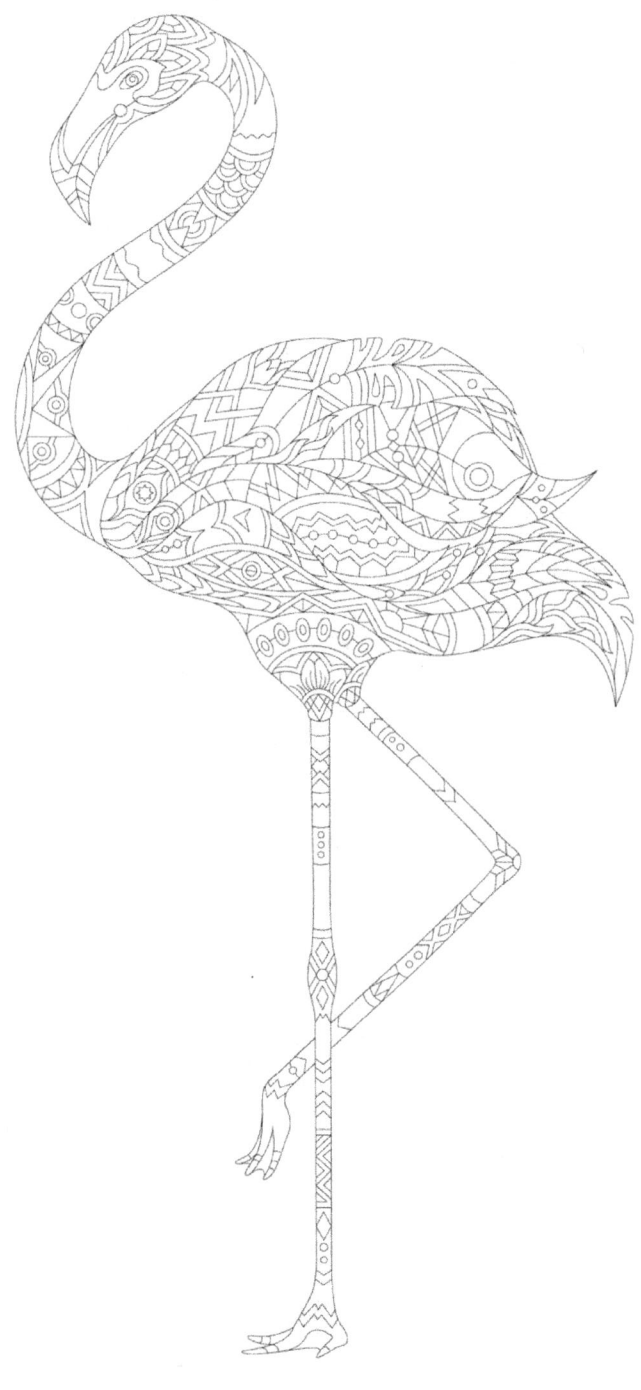

MANDALA DA COLORARE CLASSICI E DI ANIMALI

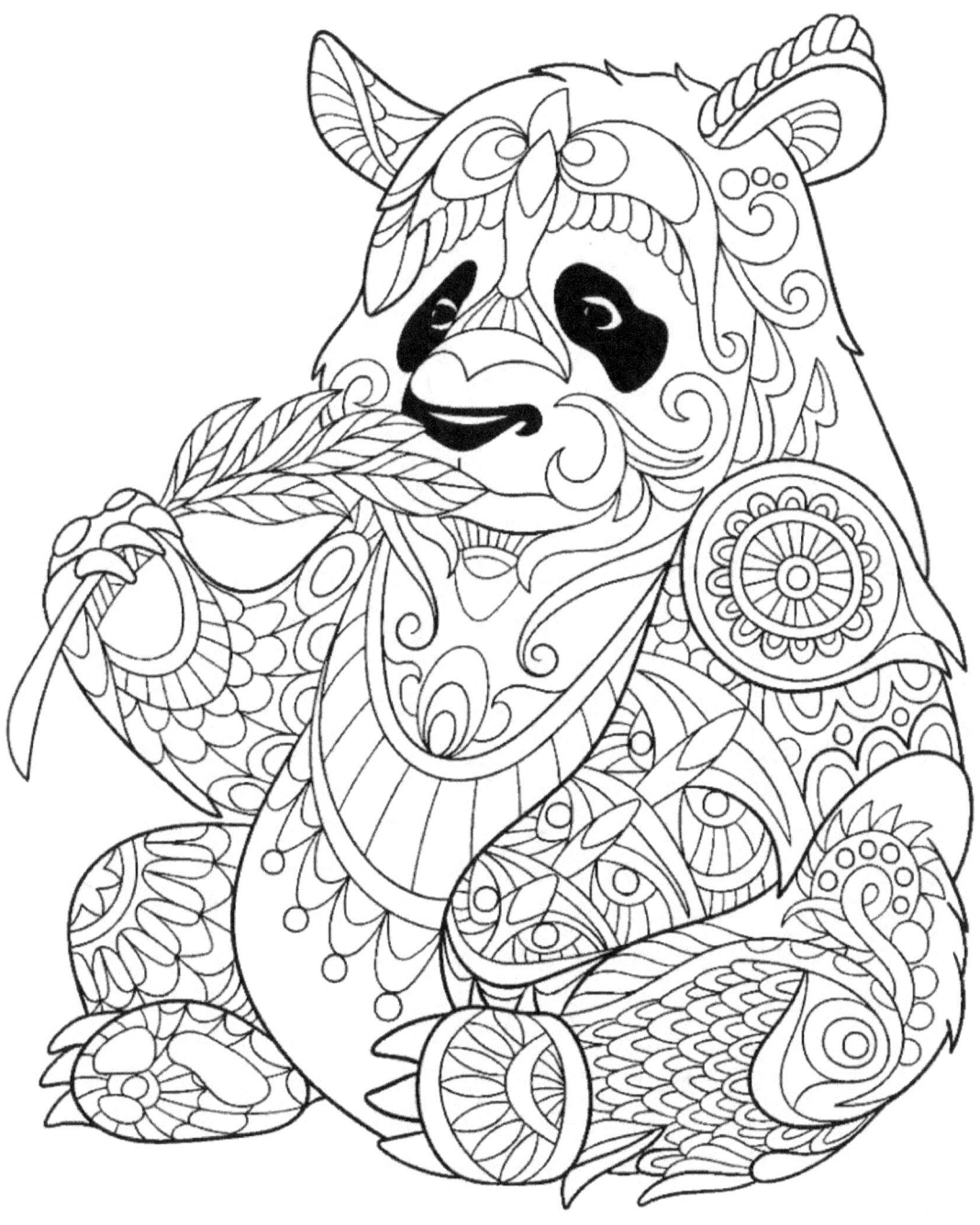

MANDALA DA COLORARE CLASSICI E DI ANIMALI

MANDALA DA COLORARE CLASSICI E DI ANIMALI

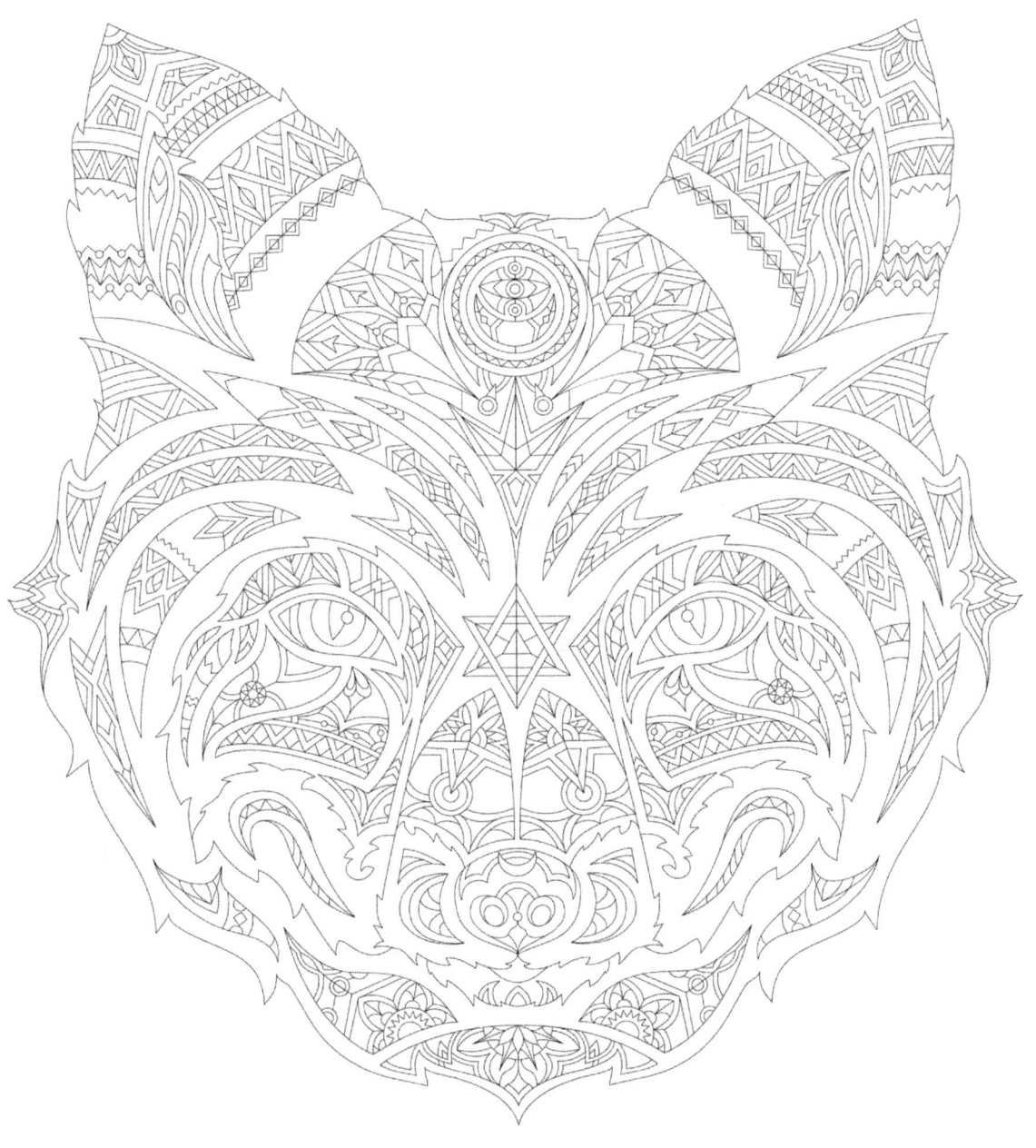

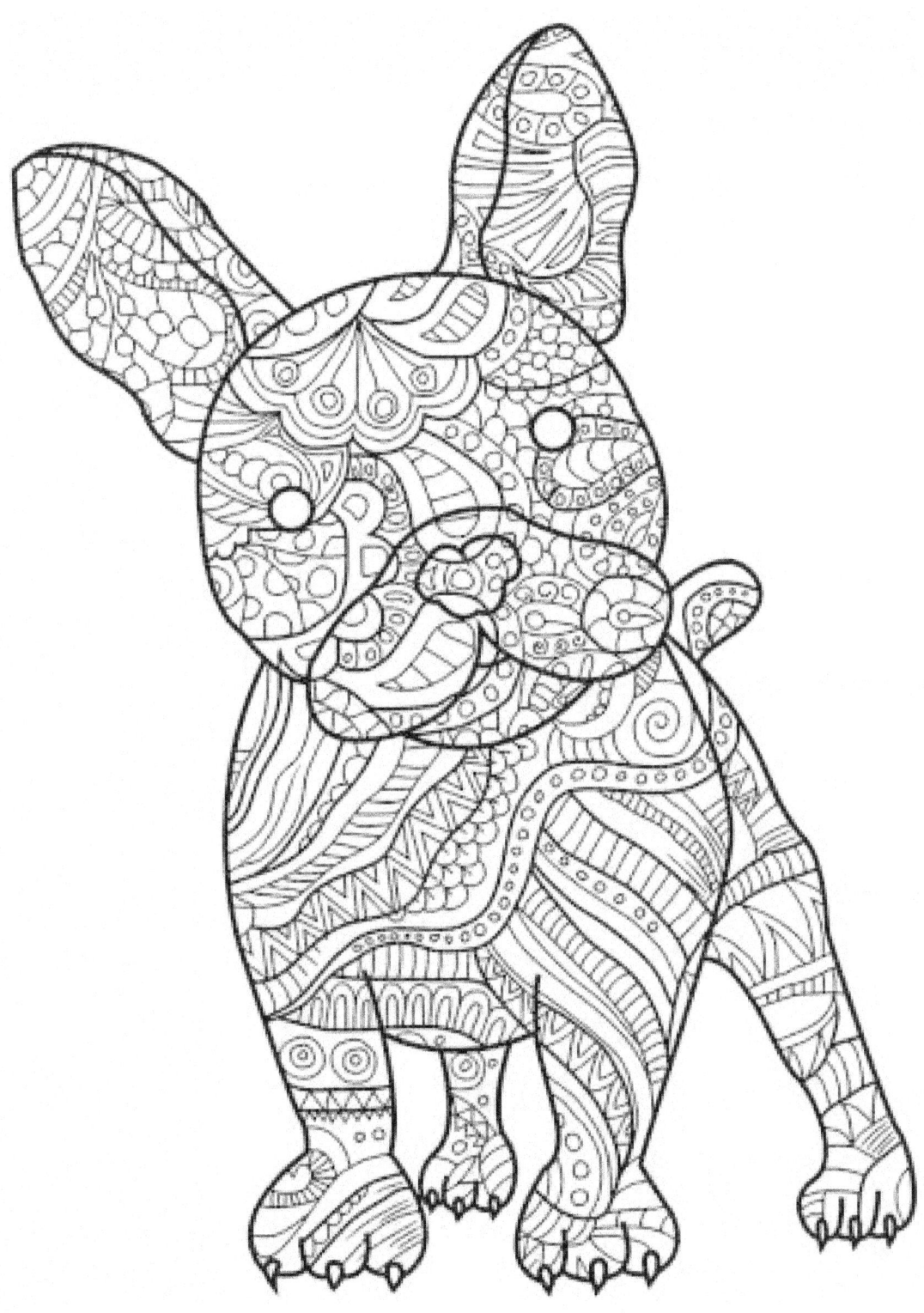

MANDALA DA COLORARE CLASSICI E DI ANIMALI

MANDALA DA COLORARE CLASSICI E DI ANIMALI

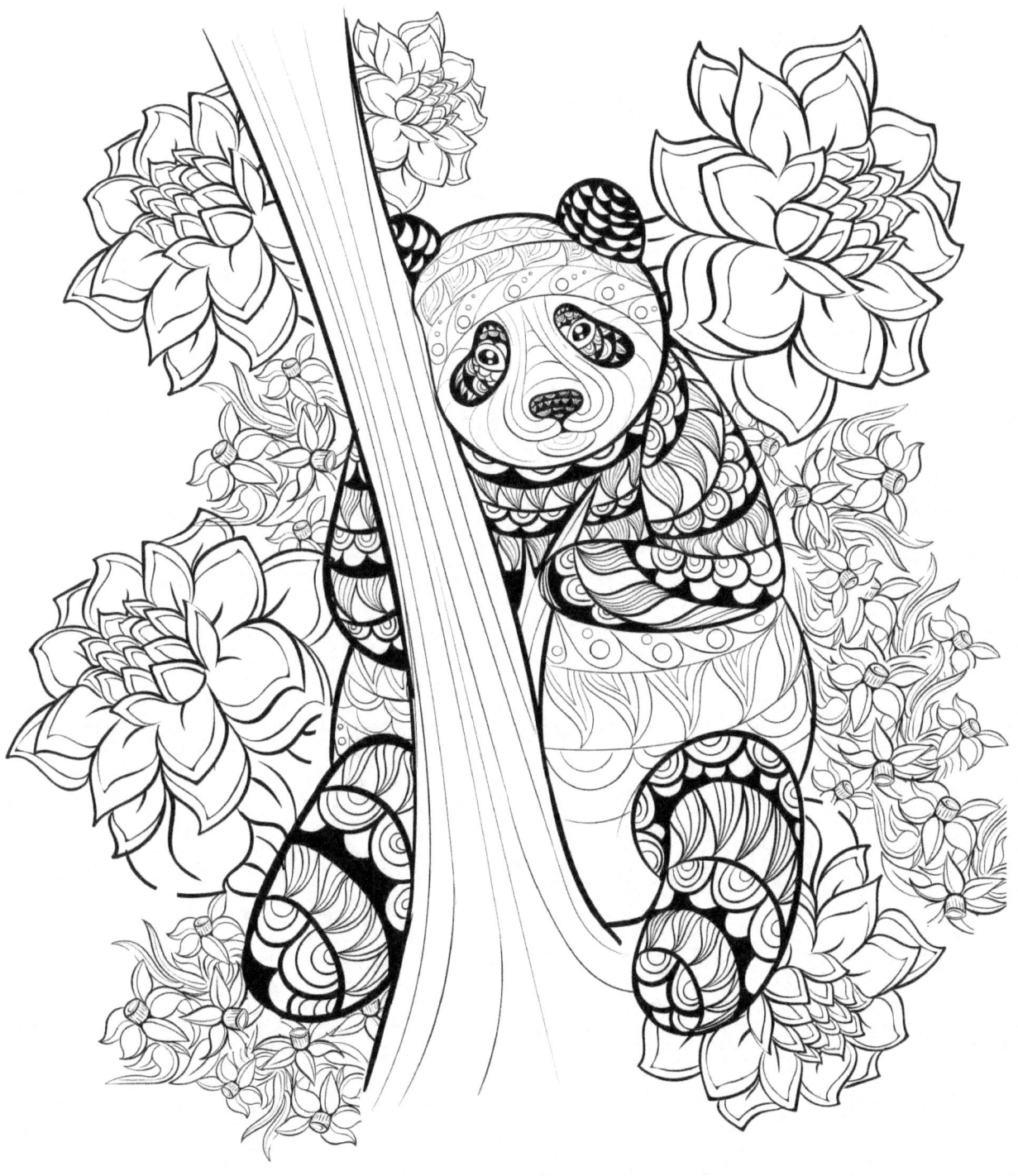

MANDALA DA COLORARE CLASSICI E DI ANIMALI

MANDALA DA COLORARE CLASSICI E DI ANIMALI

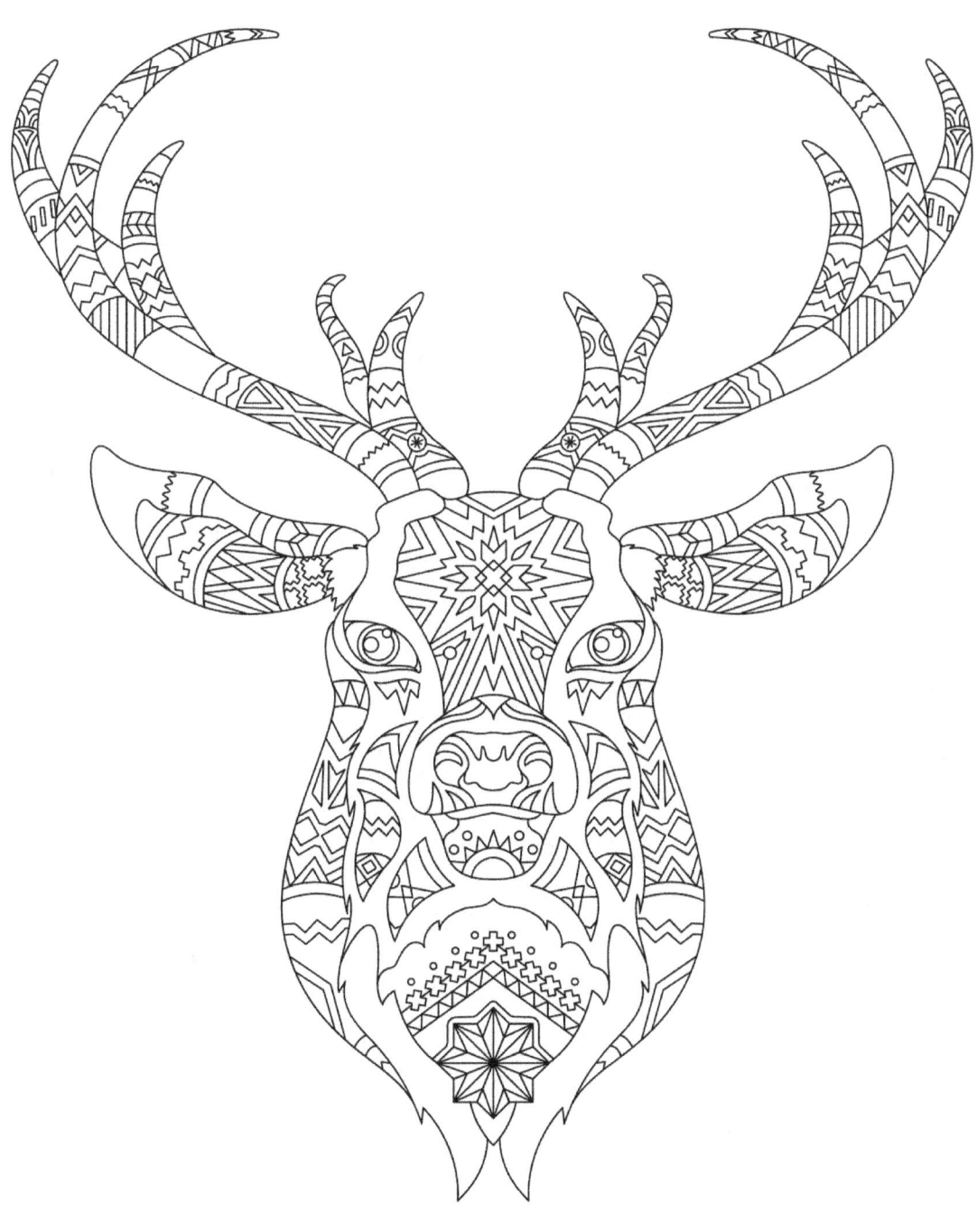

MANDALA DA COLORARE CLASSICI E DI ANIMALI

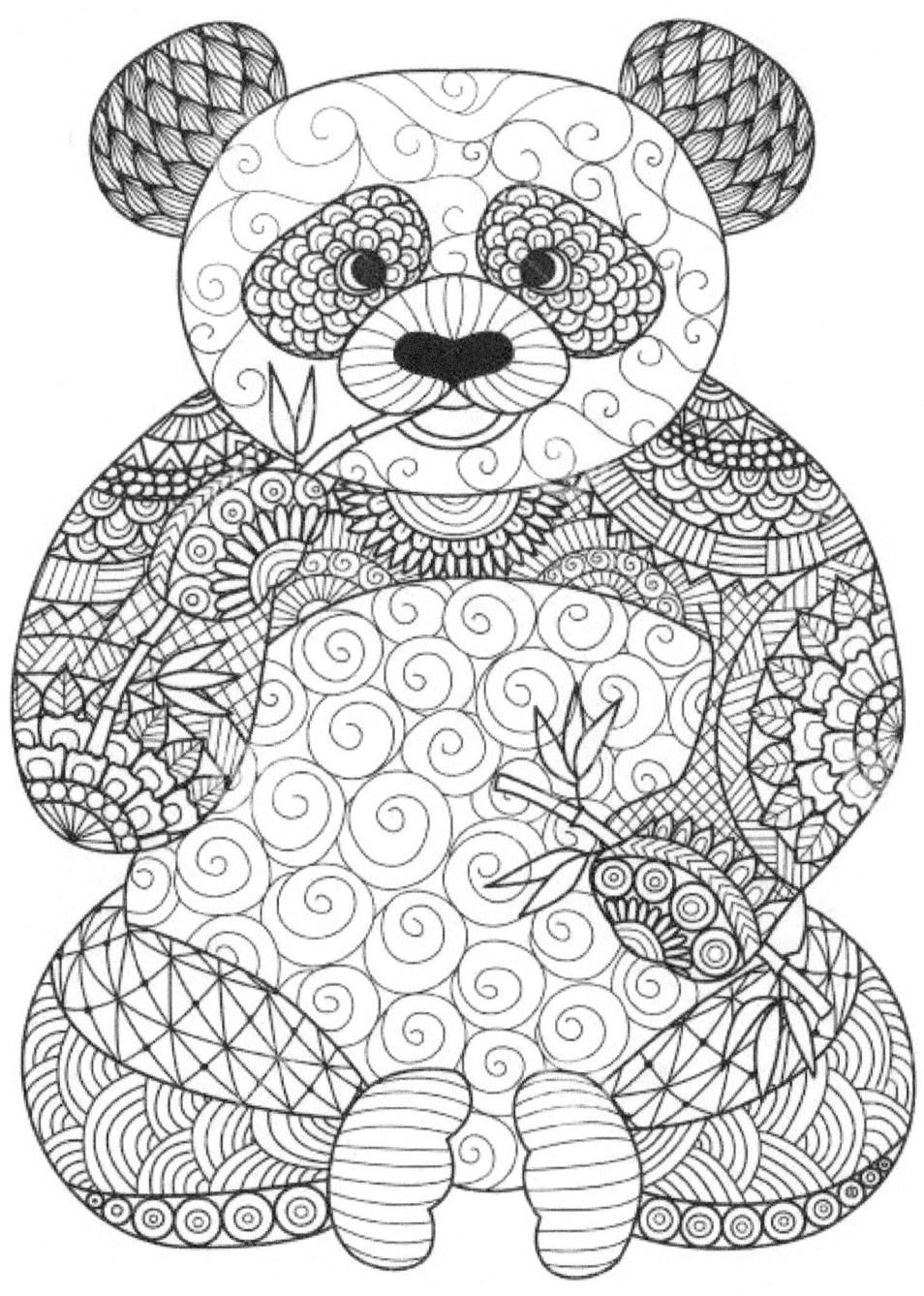

MANDALA DA COLORARE CLASSICI E DI ANIMALI

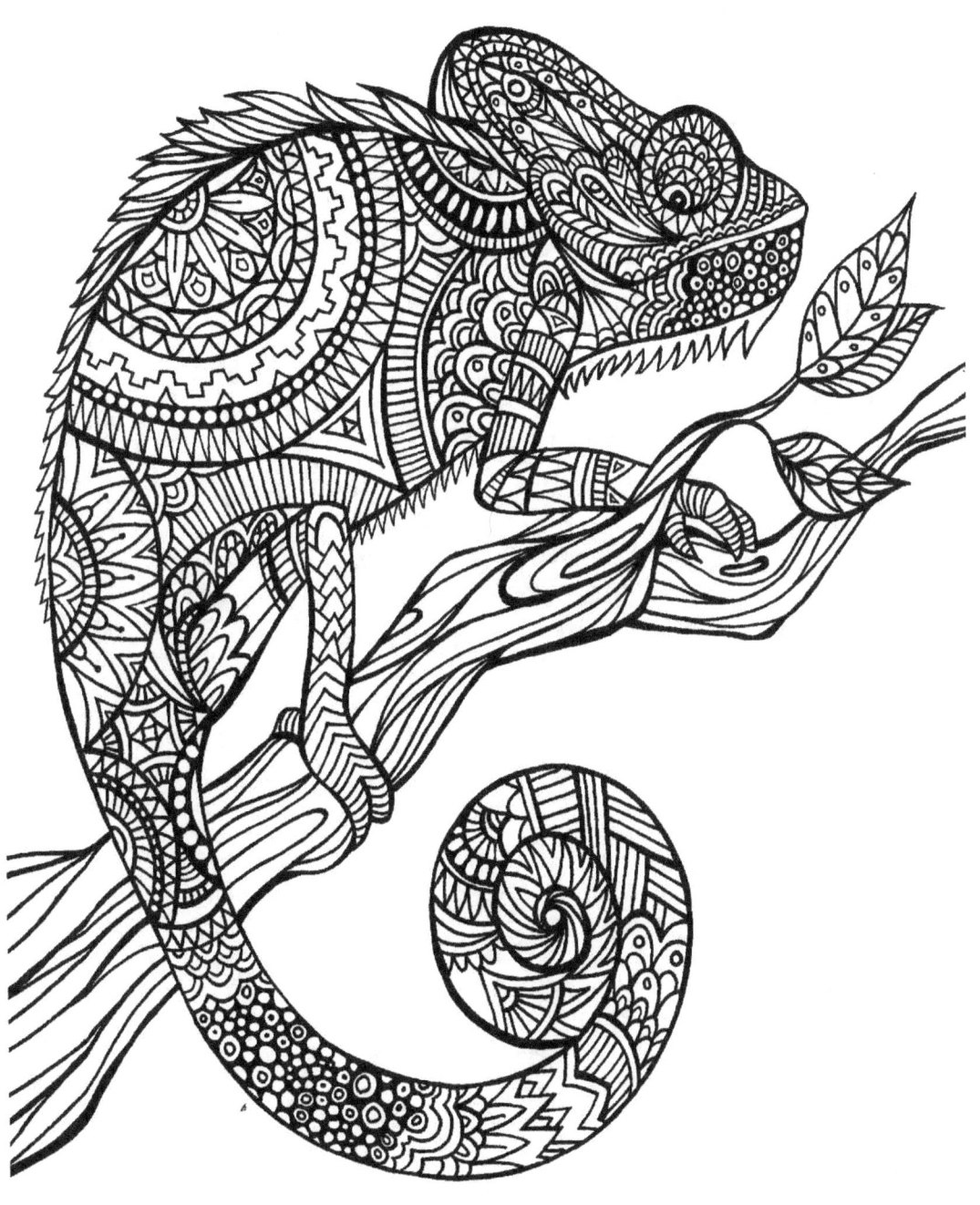

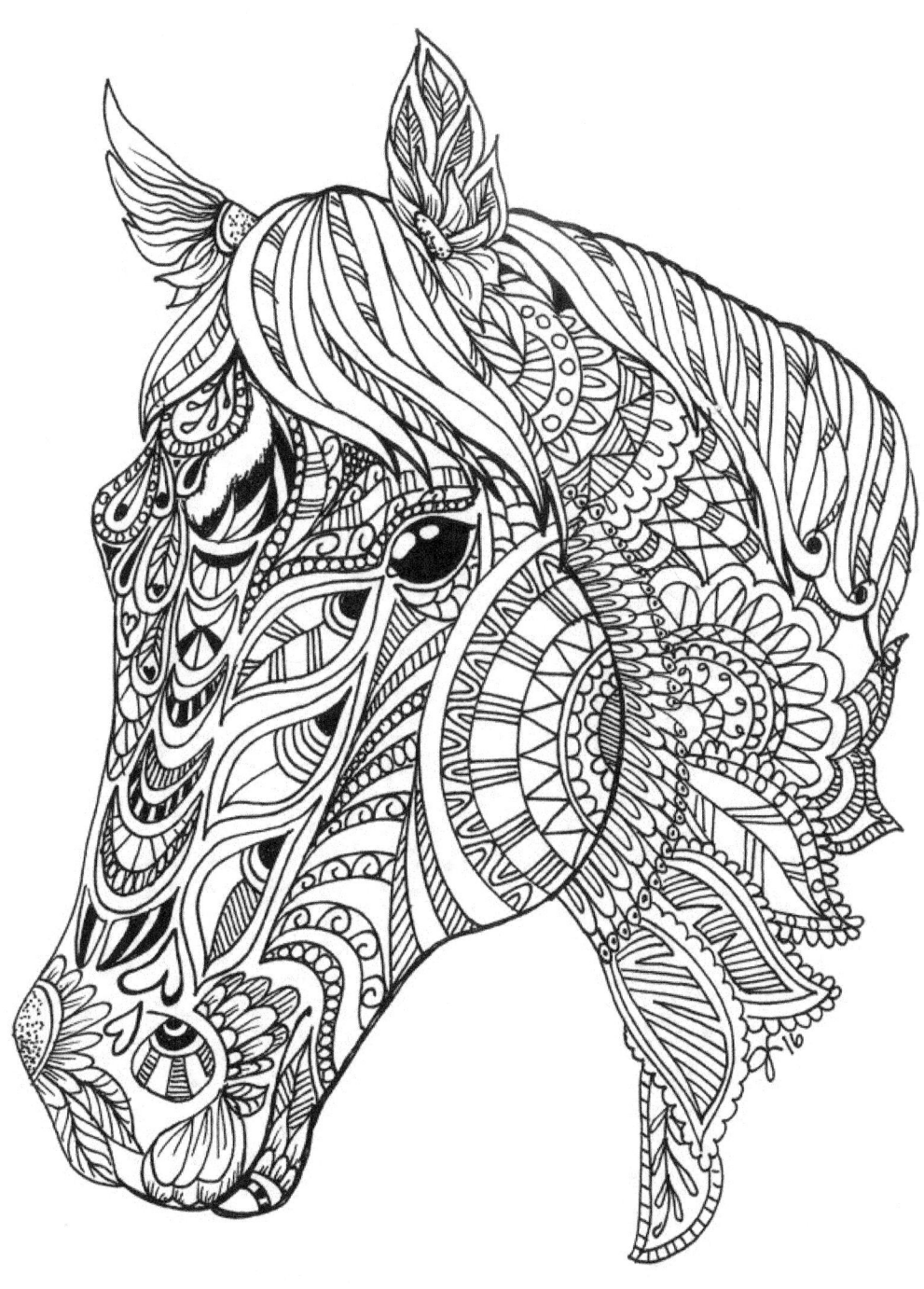

MANDALA DA COLORARE CLASSICI E DI ANIMALI

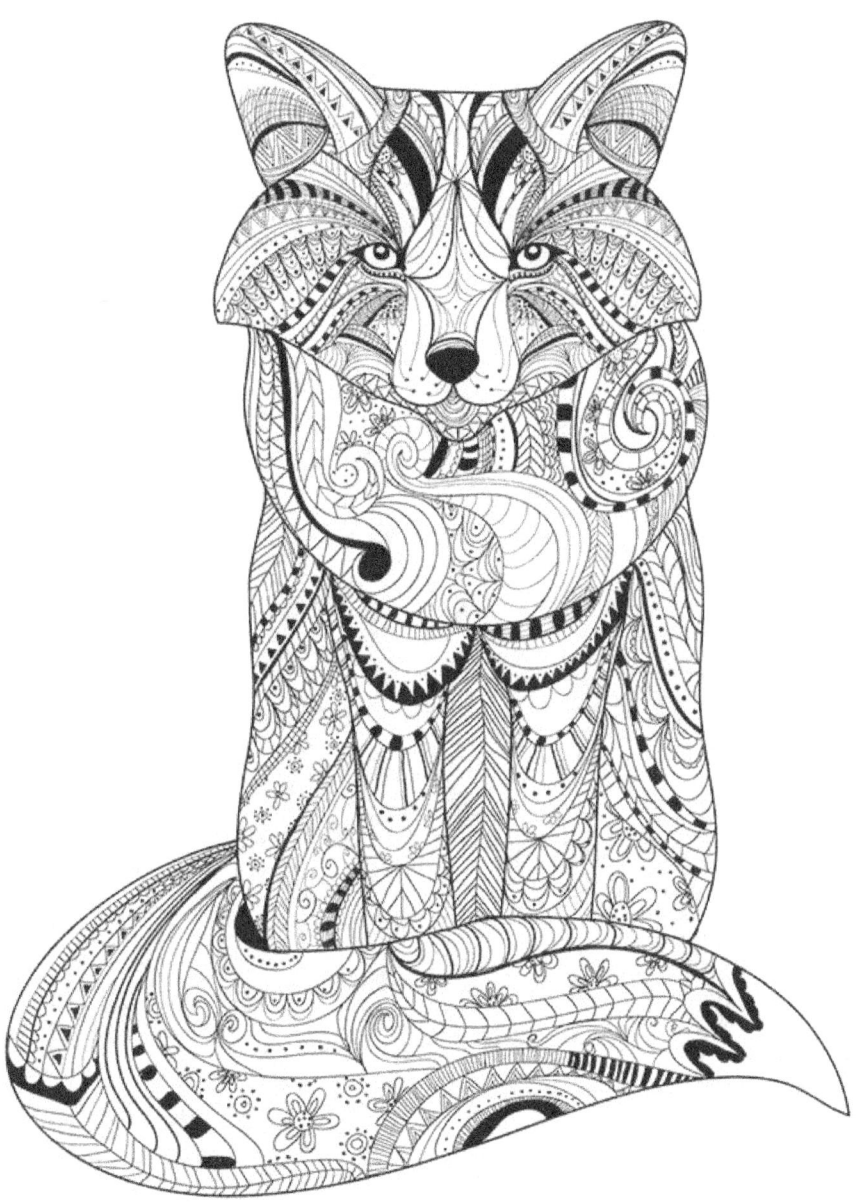

MANDALA DA COLORARE CLASSICI E DI ANIMALI

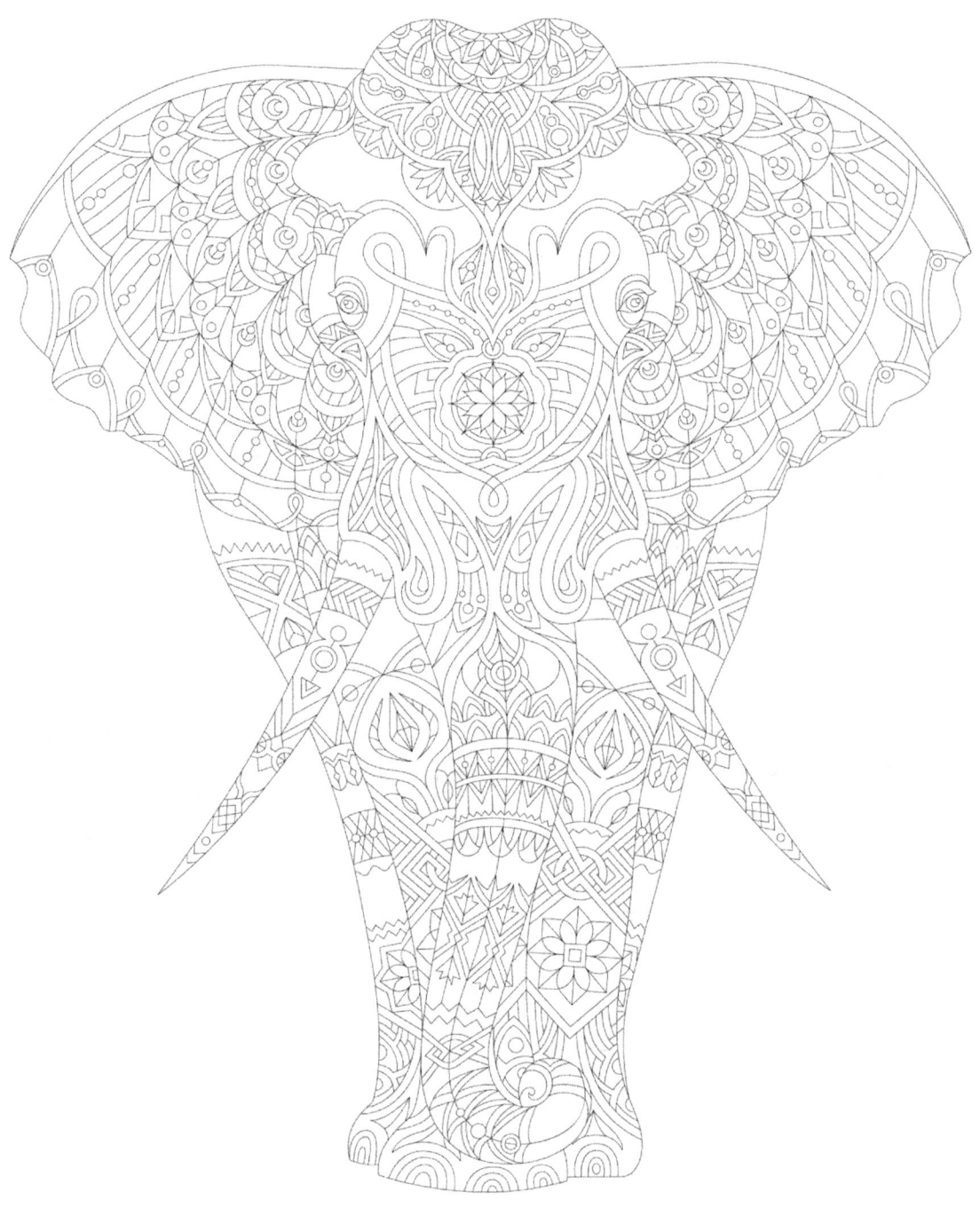

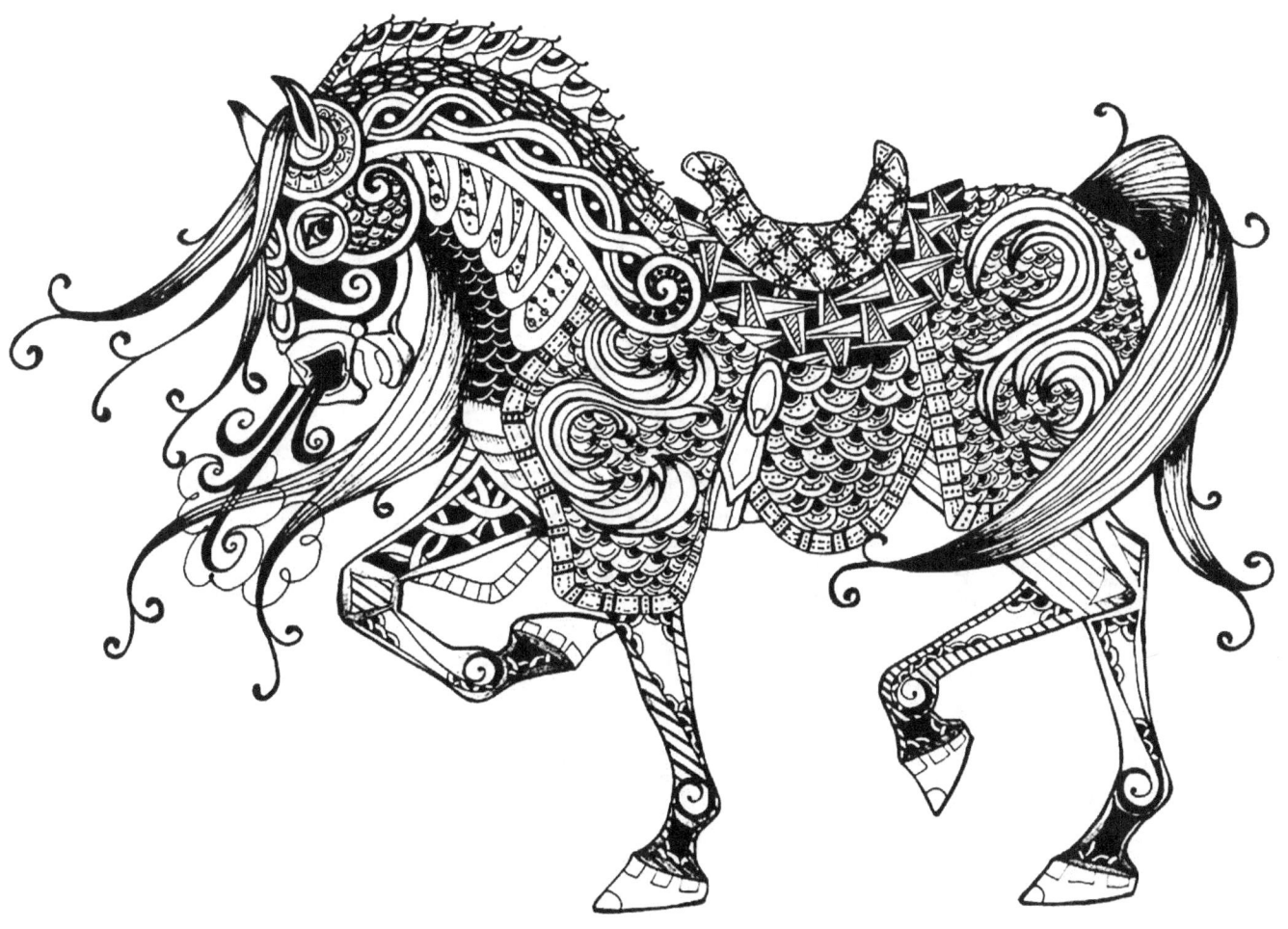

MANDALA DA COLORARE CLASSICI E DI ANIMALI

MANDALA DA COLORARE CLASSICI E DI ANIMALI

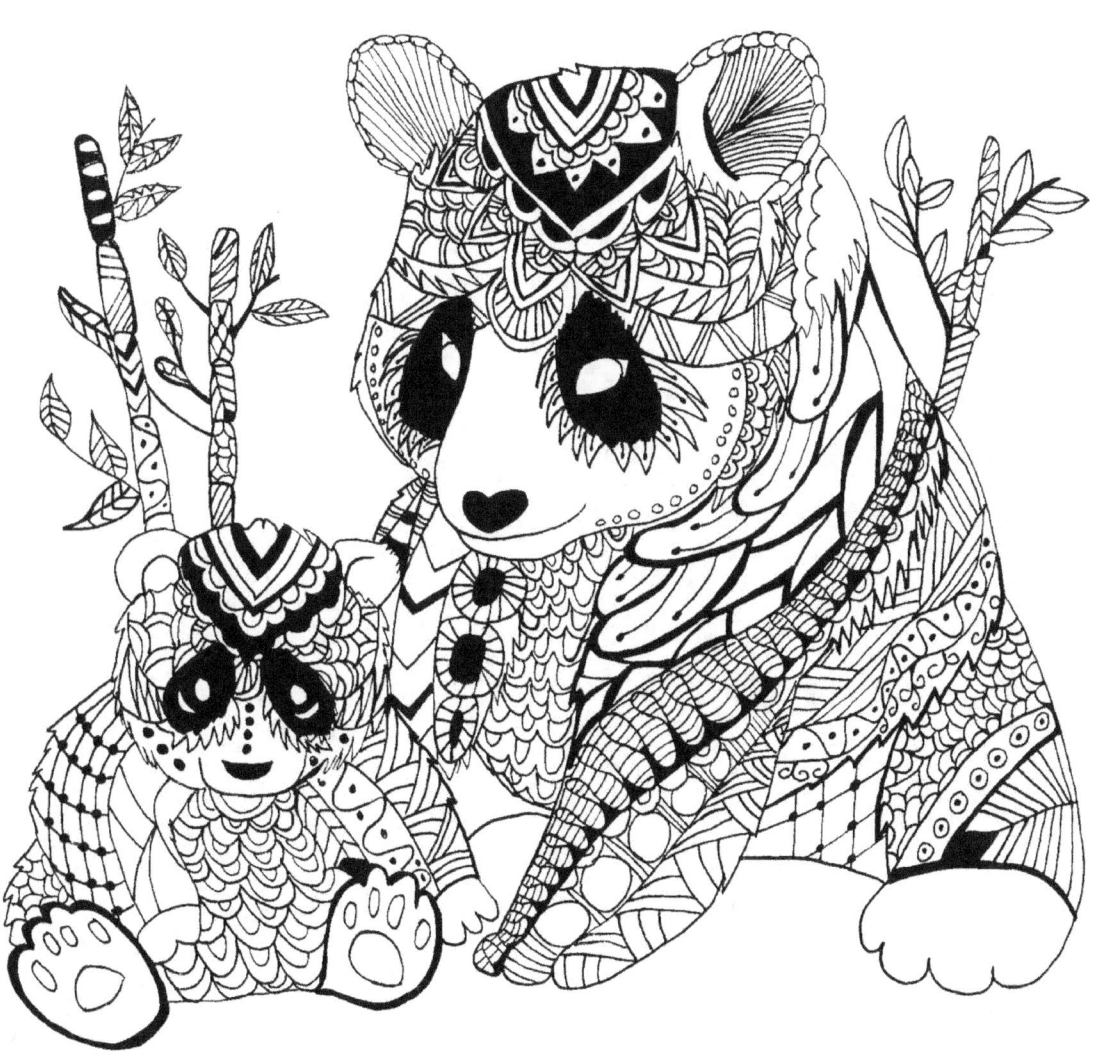

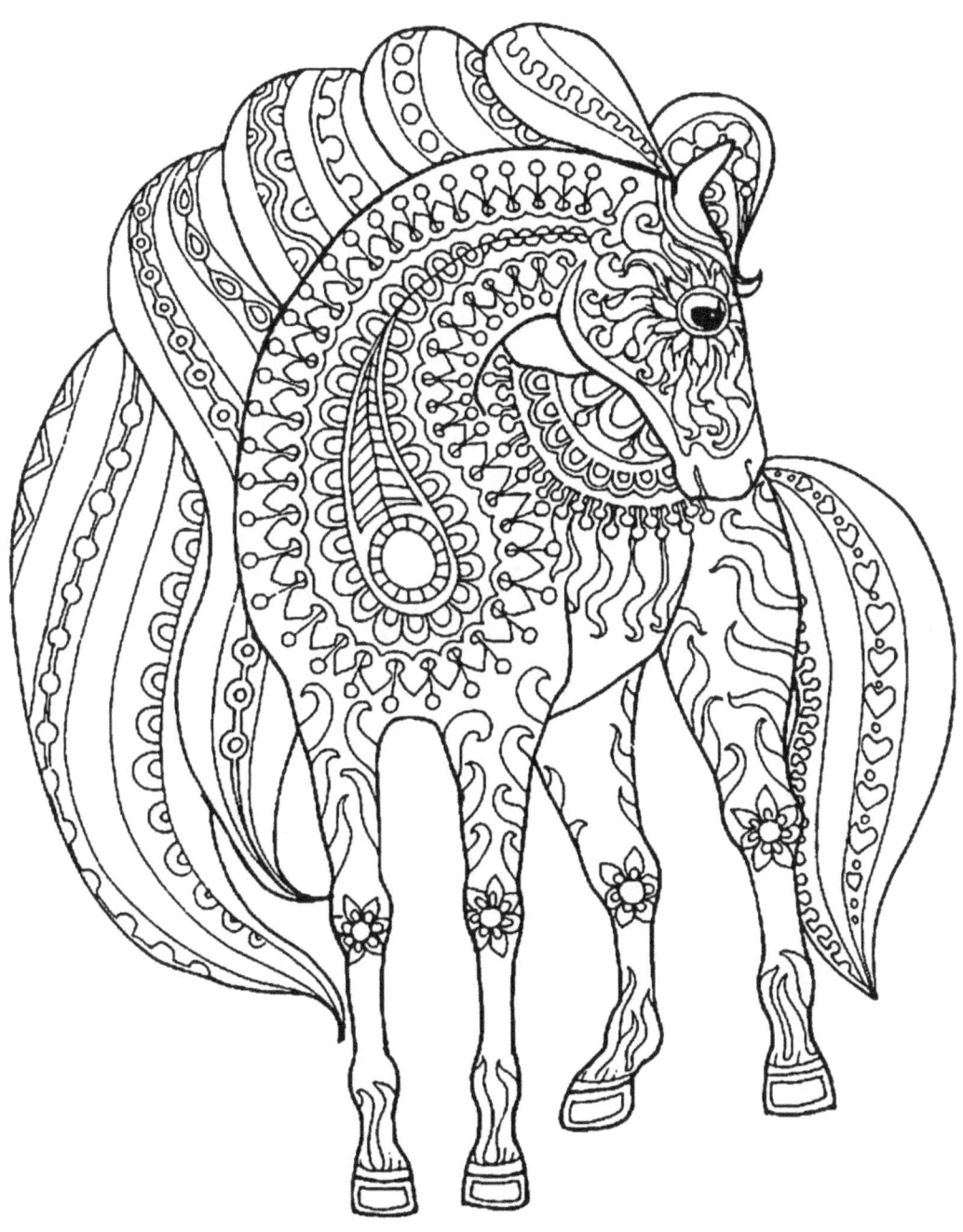

MANDALA DA COLORARE CLASSICI E DI ANIMALI

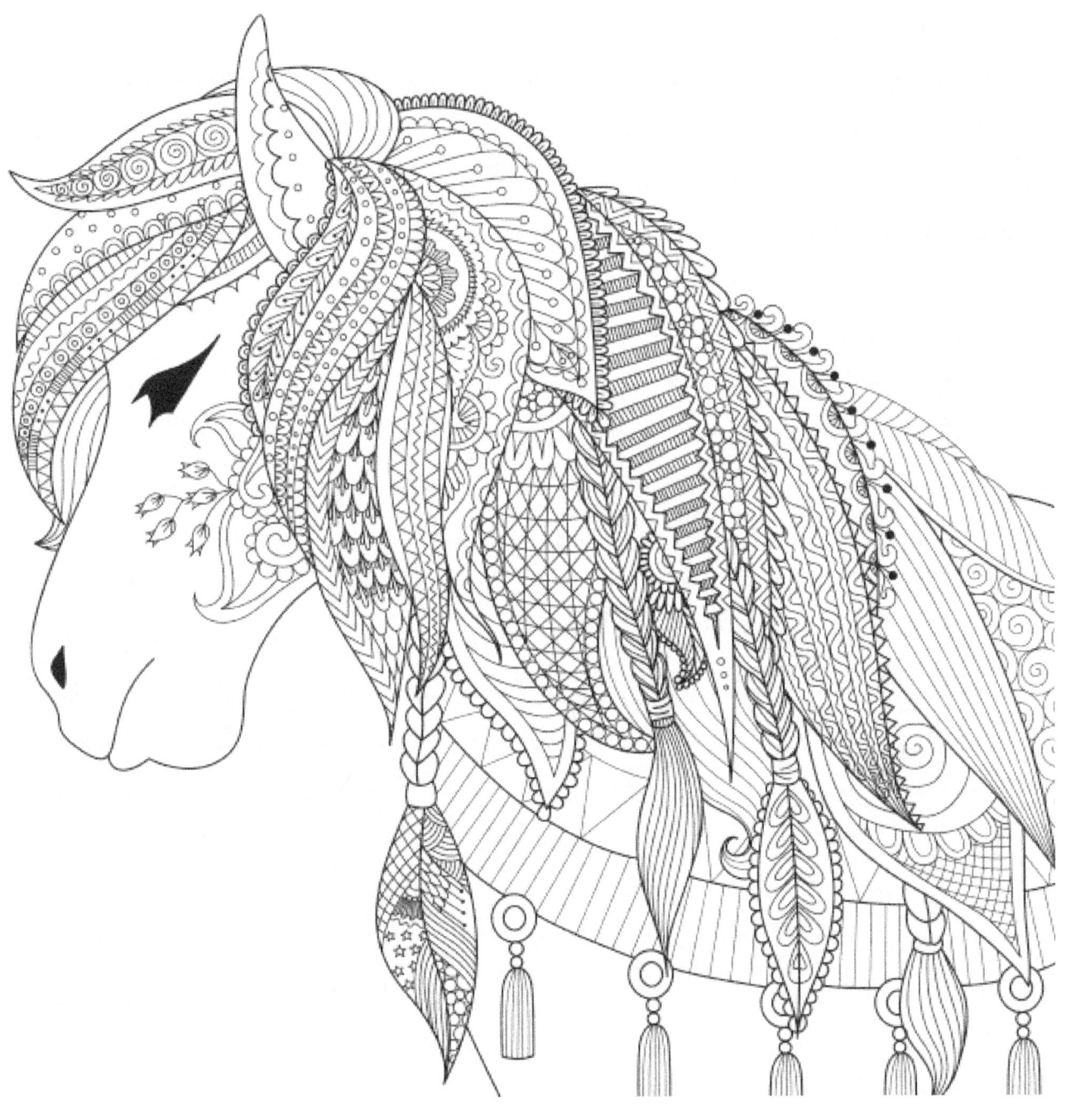

MANDALA DA COLORARE CLASSICI E DI ANIMALI

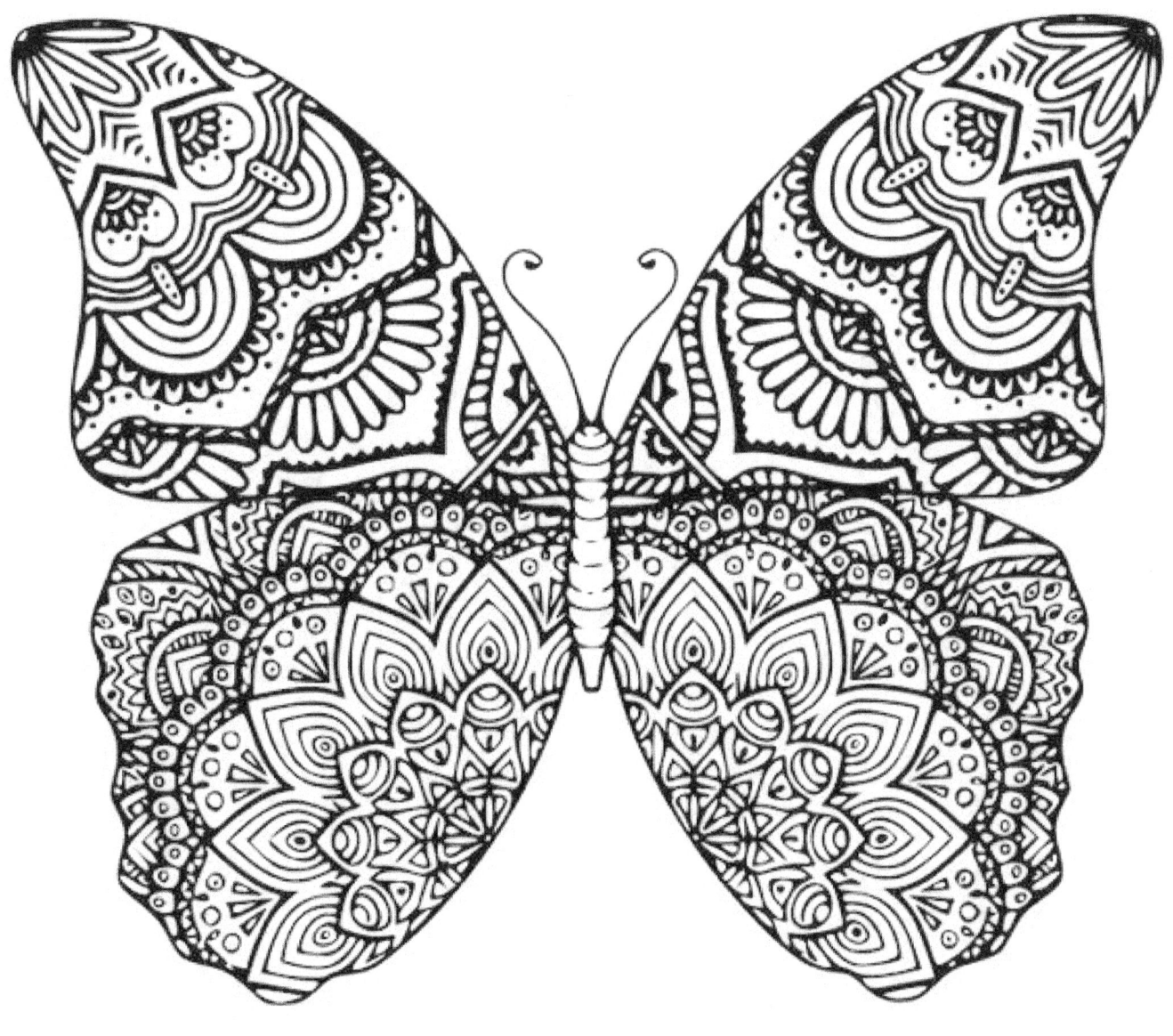

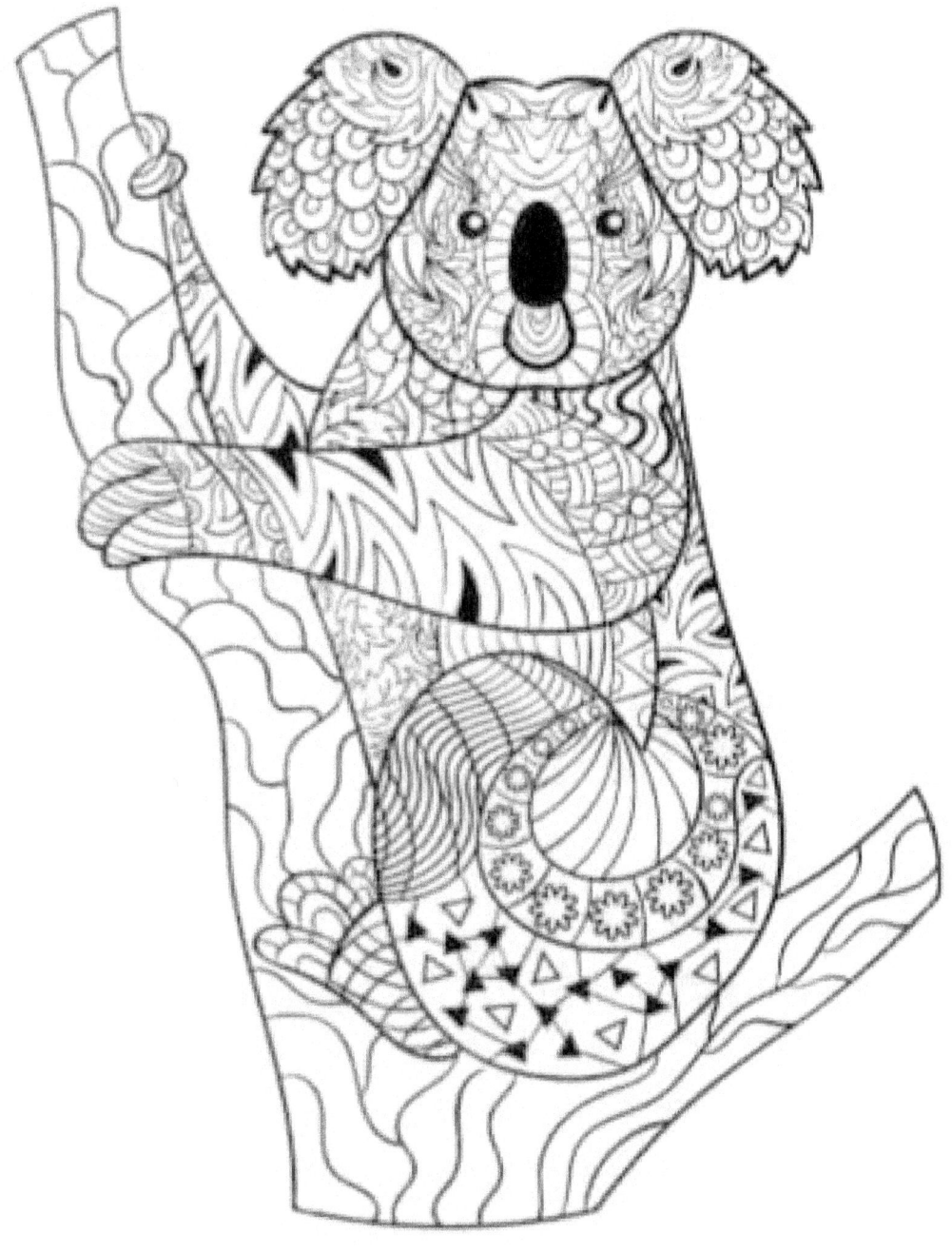

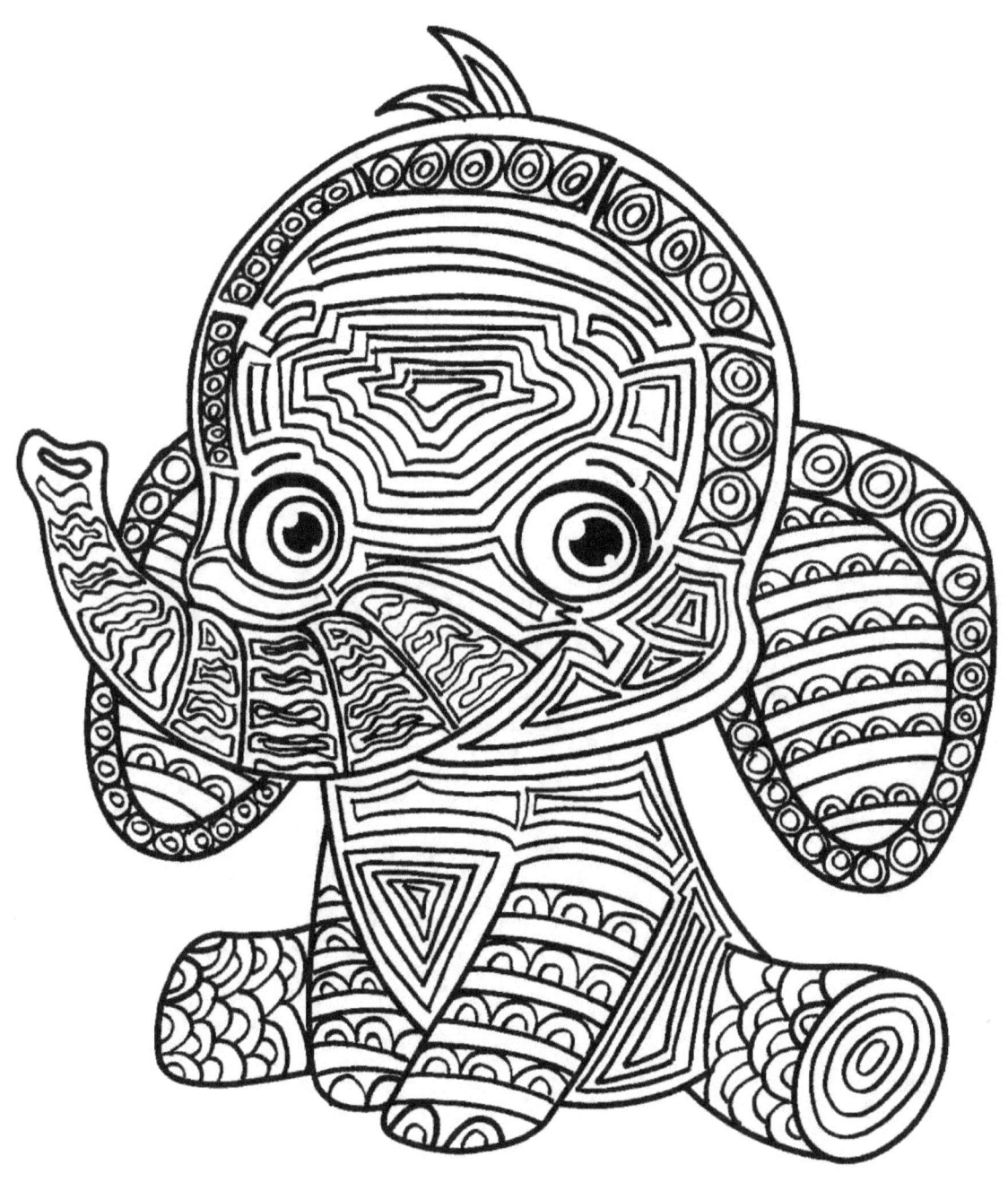

MANDALA DA COLORARE CLASSICI E DI ANIMALI

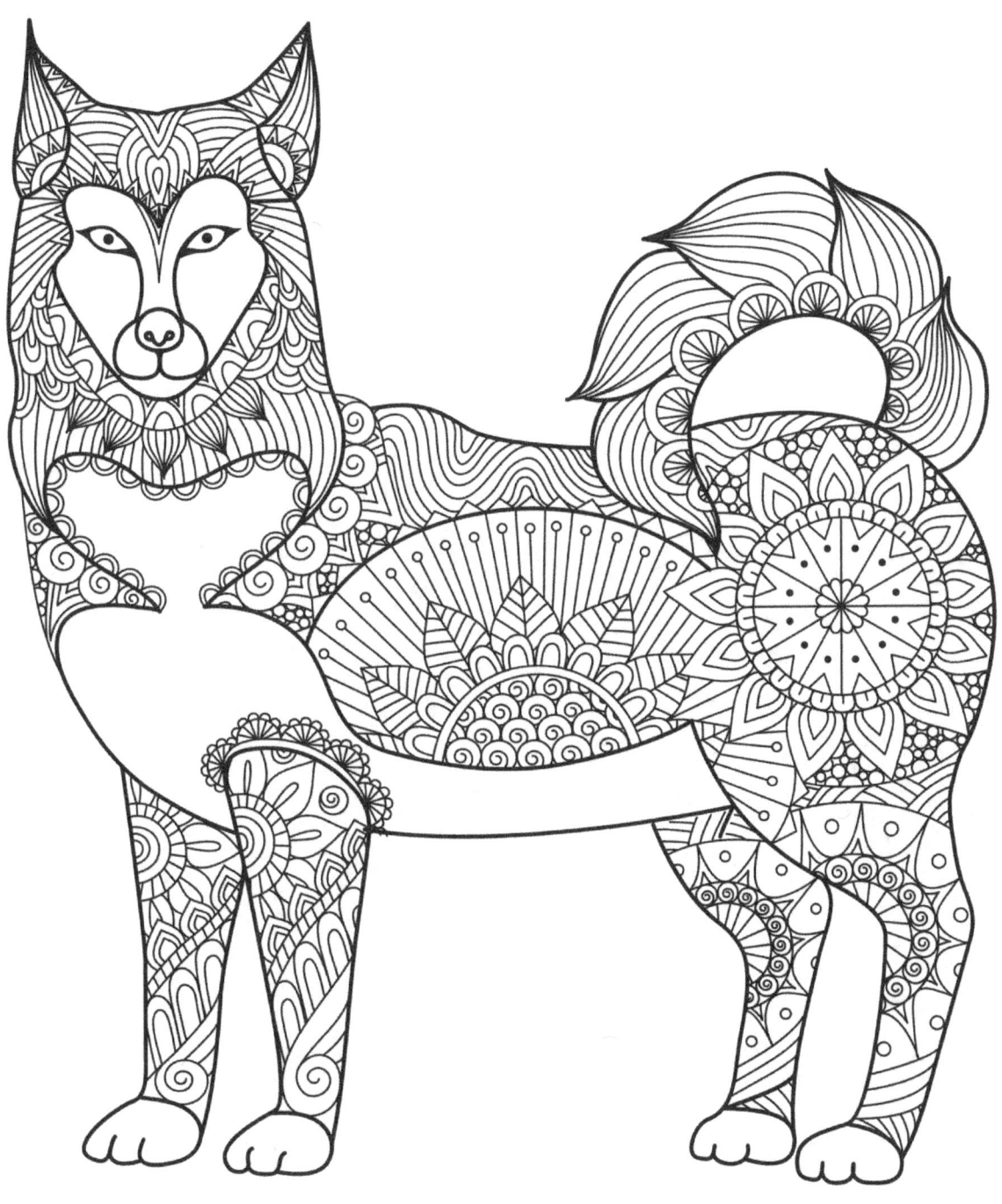

MANDALA DA COLORARE CLASSICI E DI ANIMALI

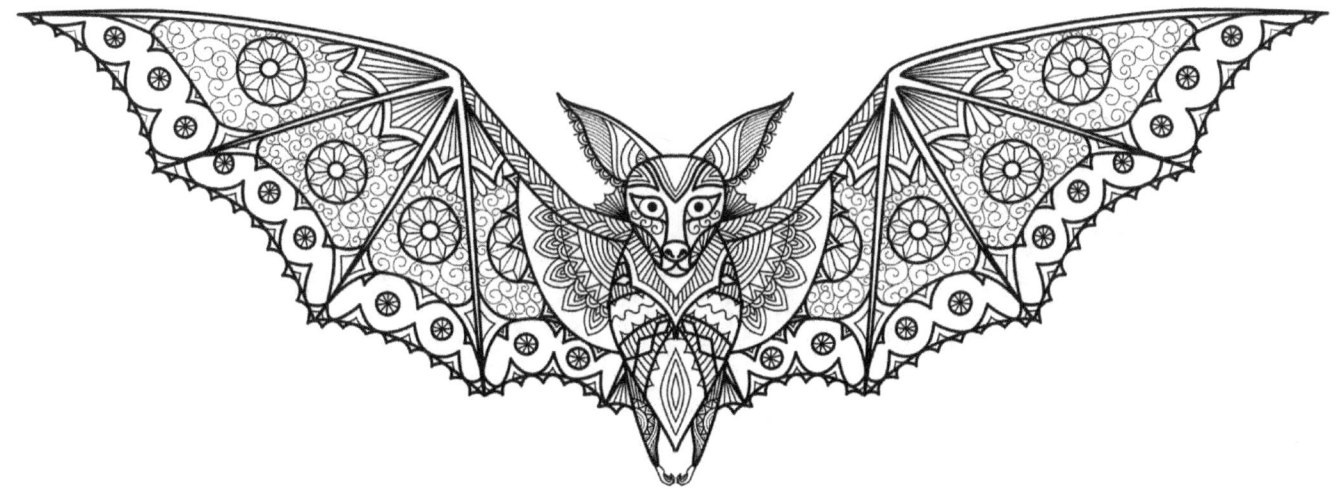

MANDALA DA COLORARE CLASSICI E DI ANIMALI

MANDALA DA COLORARE CLASSICI E DI ANIMALI

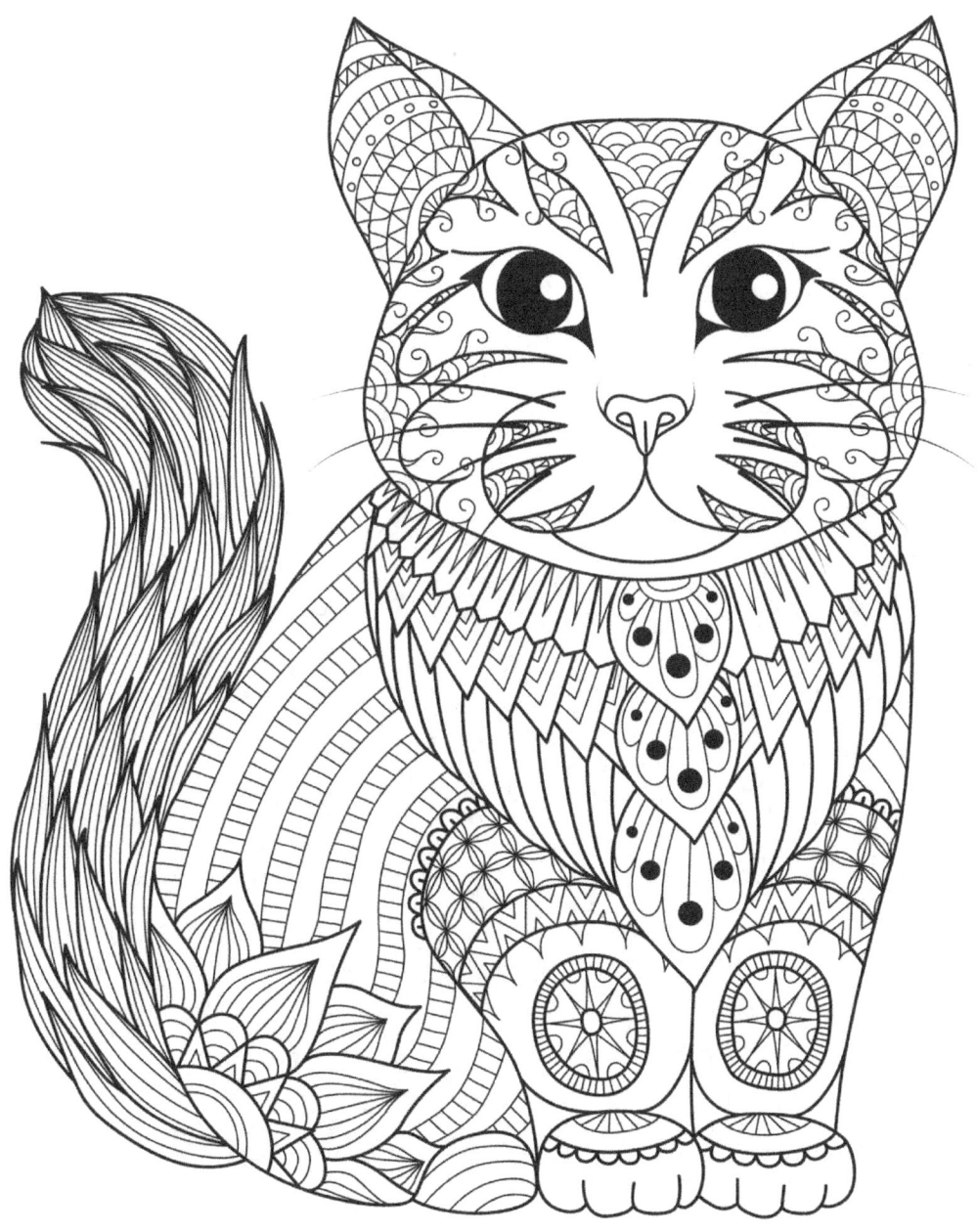

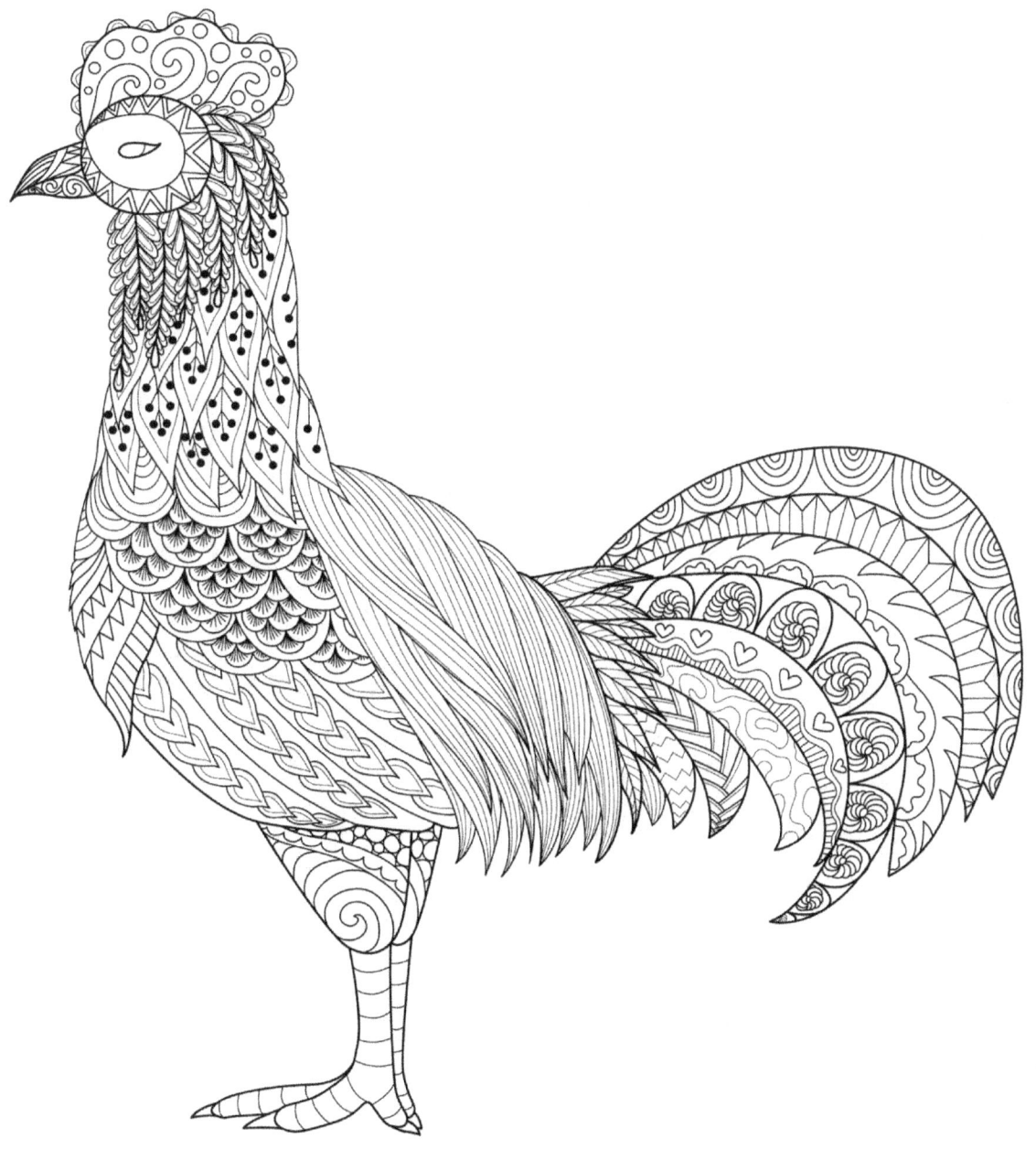

MANDALA DA COLORARE CLASSICI E DI ANIMALI

MANDALA DA COLORARE CLASSICI E DI ANIMALI

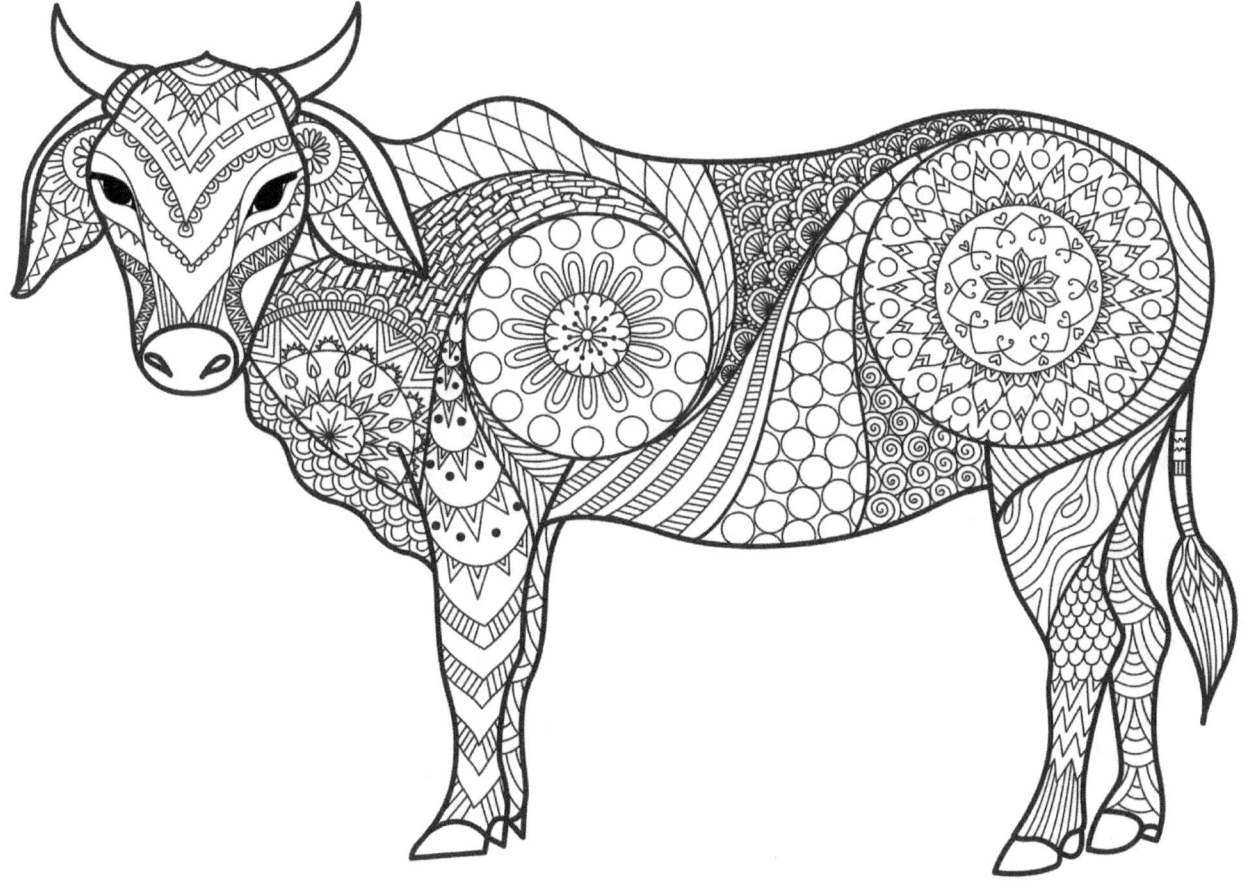

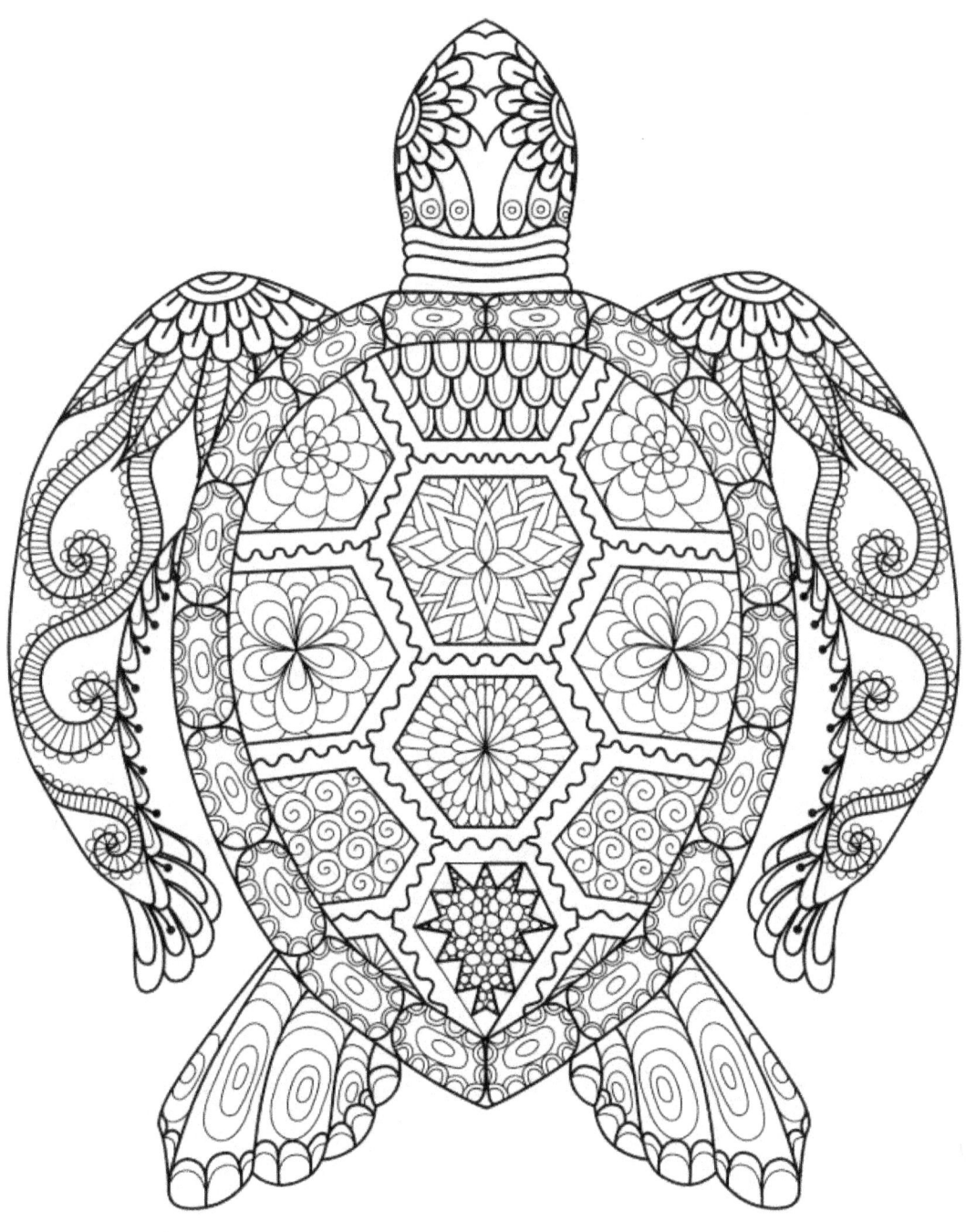

MANDALA DA COLORARE CLASSICI E DI ANIMALI

MANDALA DA COLORARE CLASSICI E DI ANIMALI

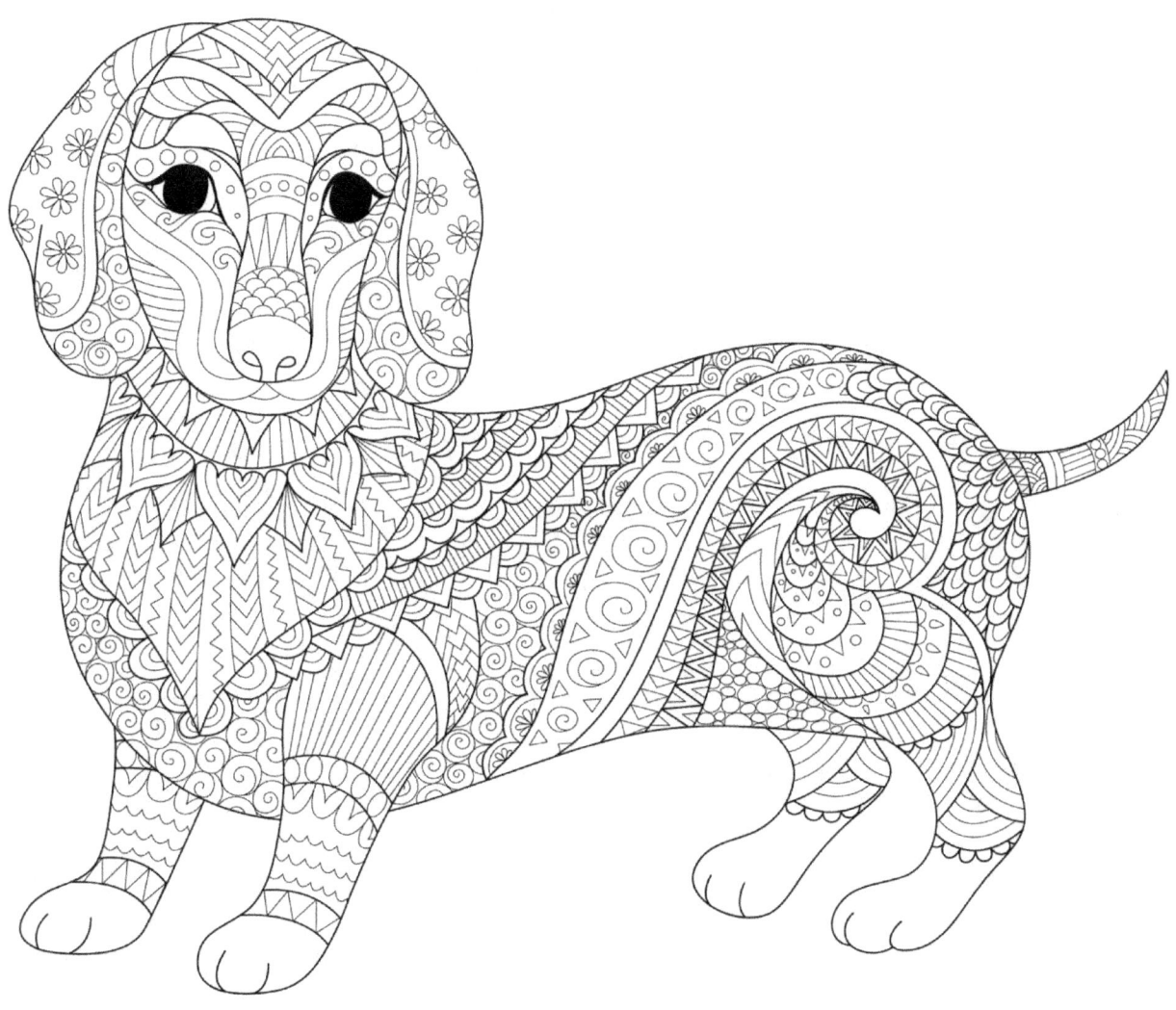

MANDALA DA COLORARE CLASSICI E DI ANIMALI

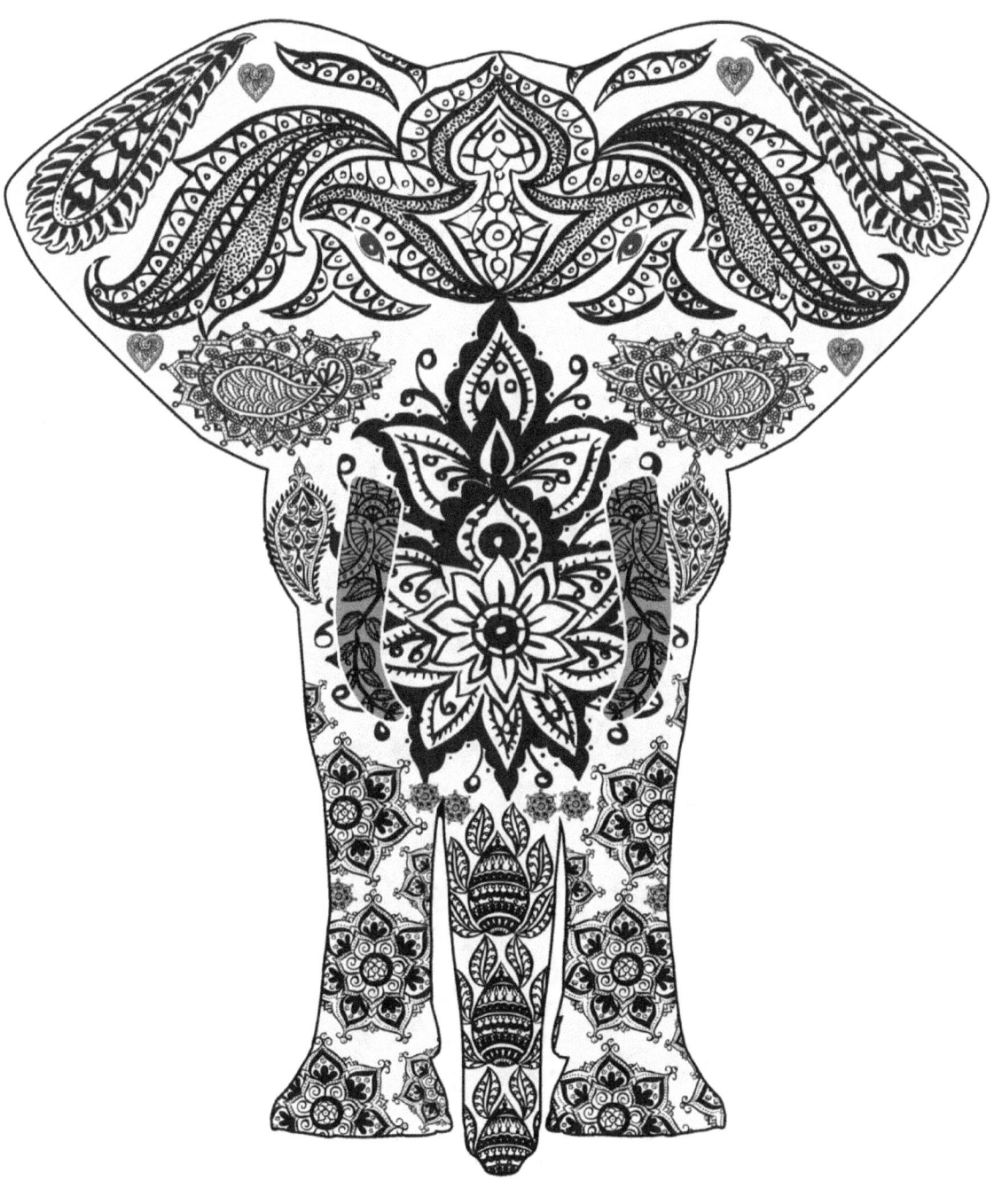

MANDALA DA COLORARE CLASSICI E DI ANIMALI

MANDALA DA COLORARE CLASSICI E DI ANIMALI

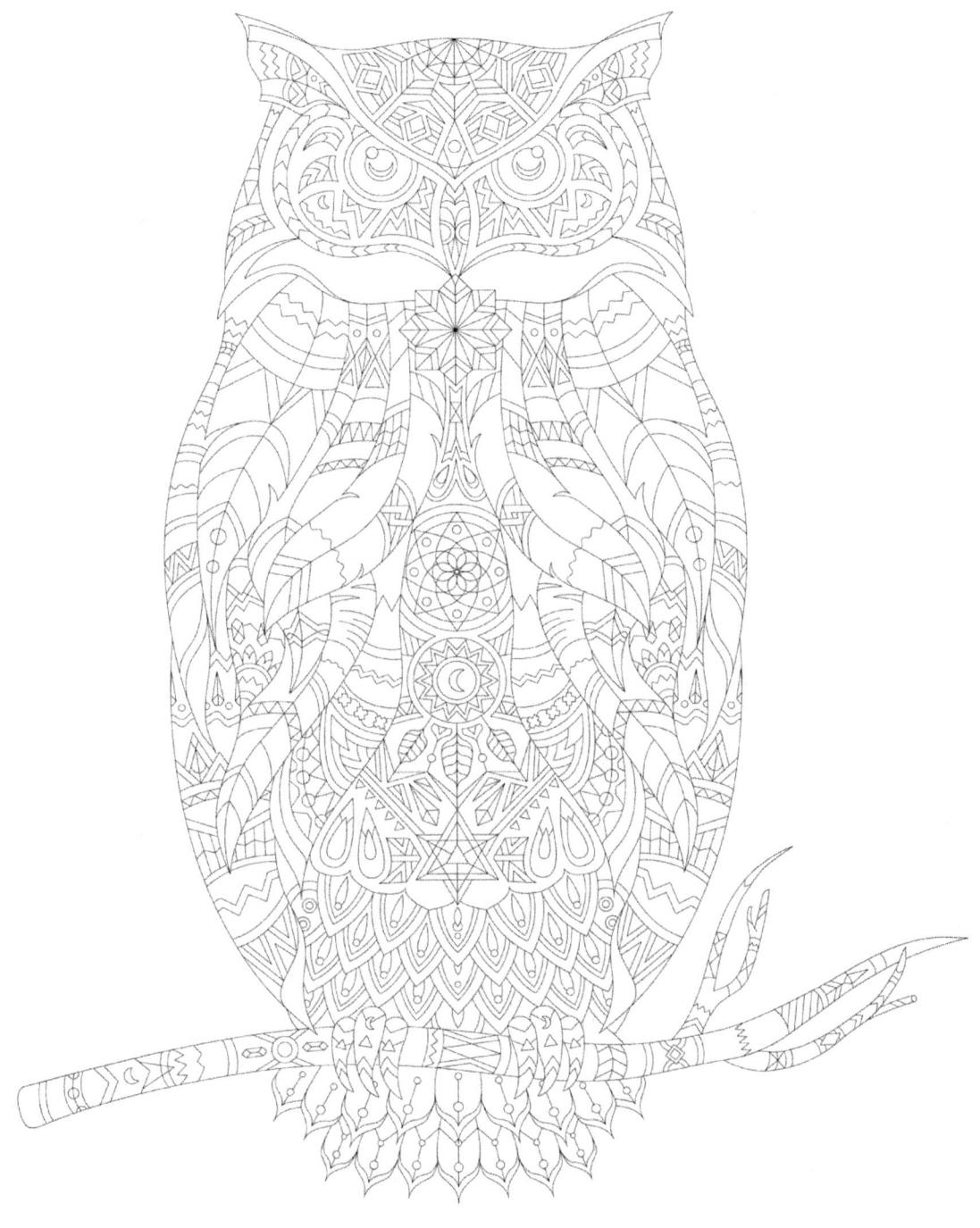

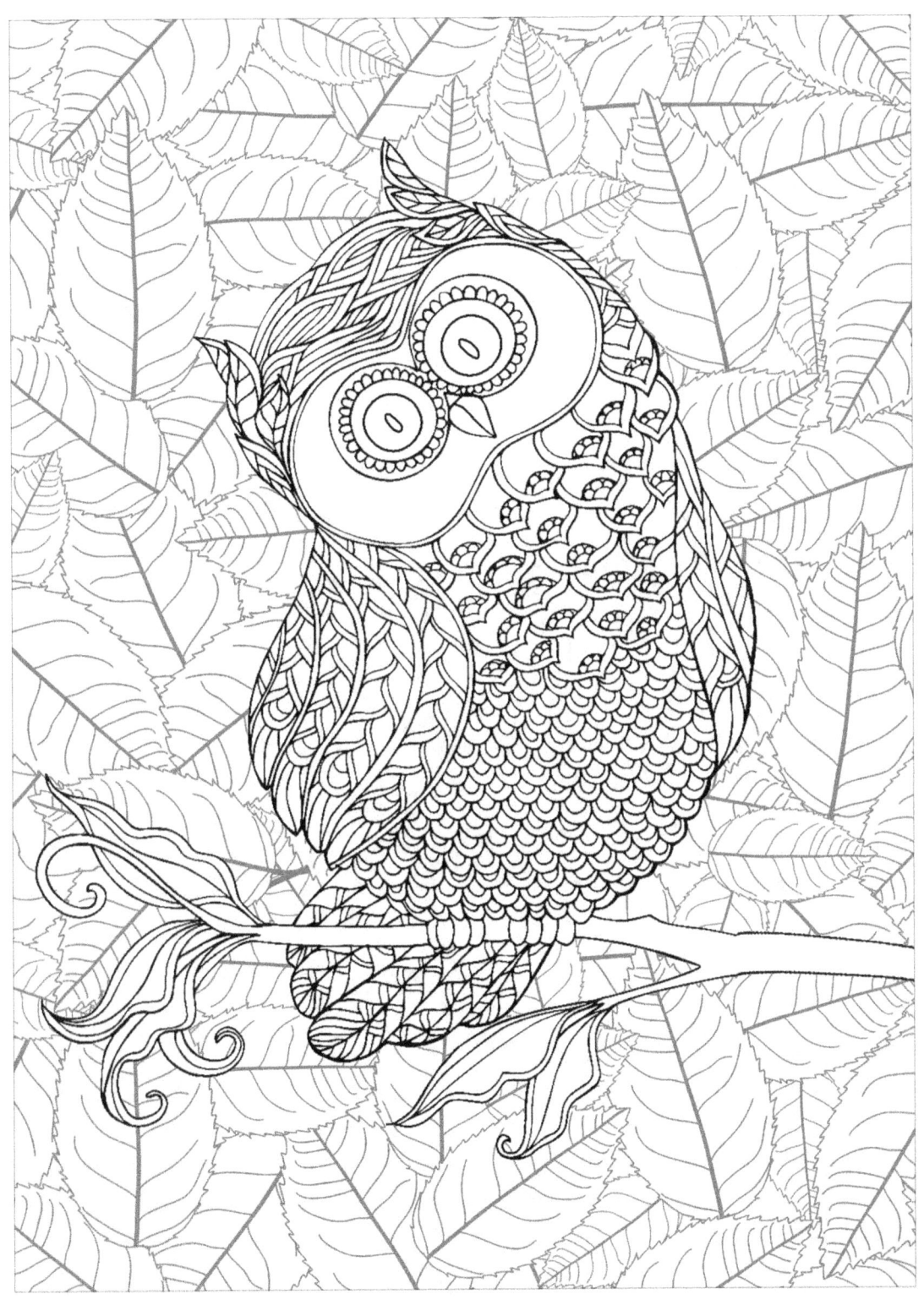

MANDALA DA COLORARE CLASSICI E DI ANIMALI

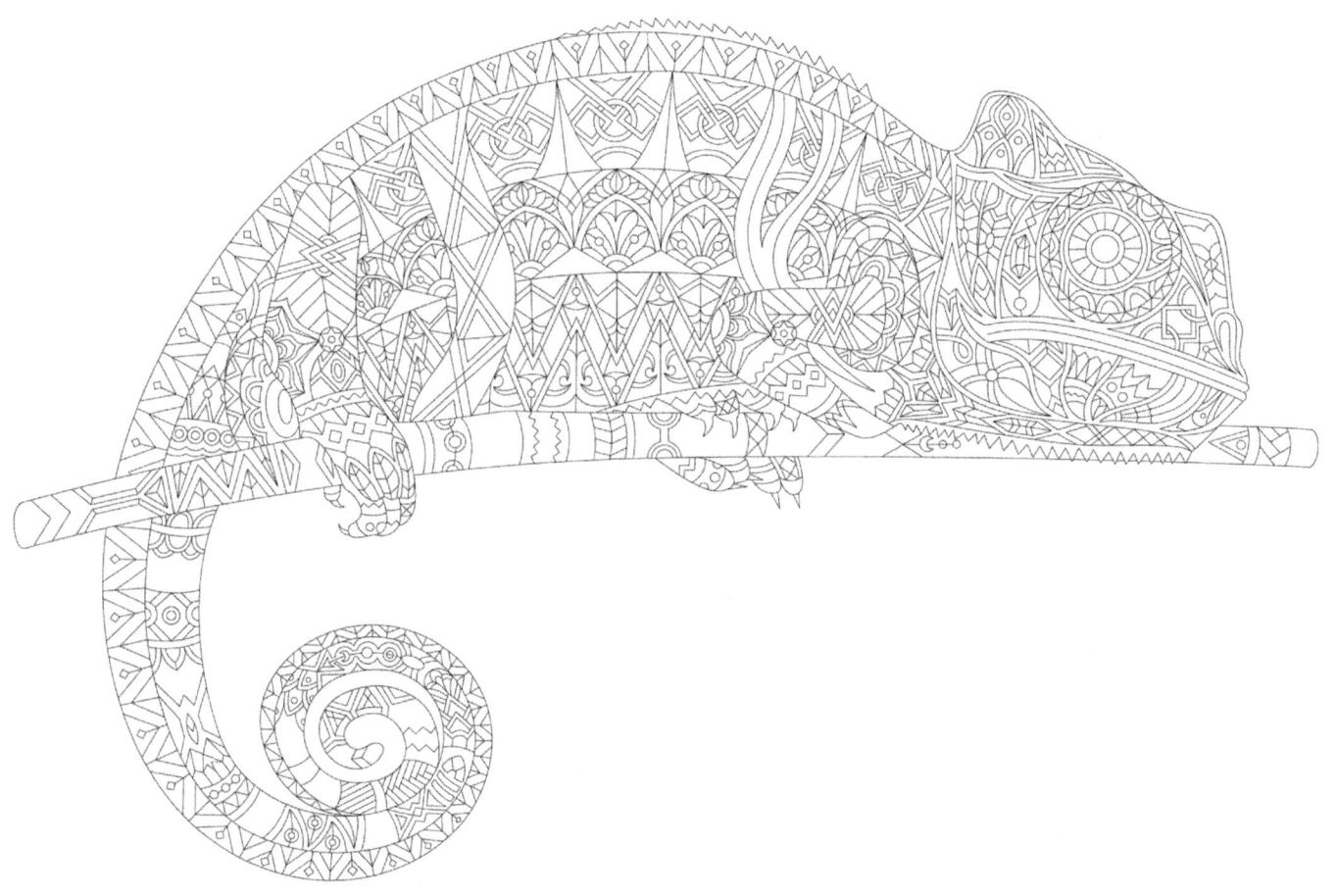

MANDALA DA COLORARE CLASSICI E DI ANIMALI

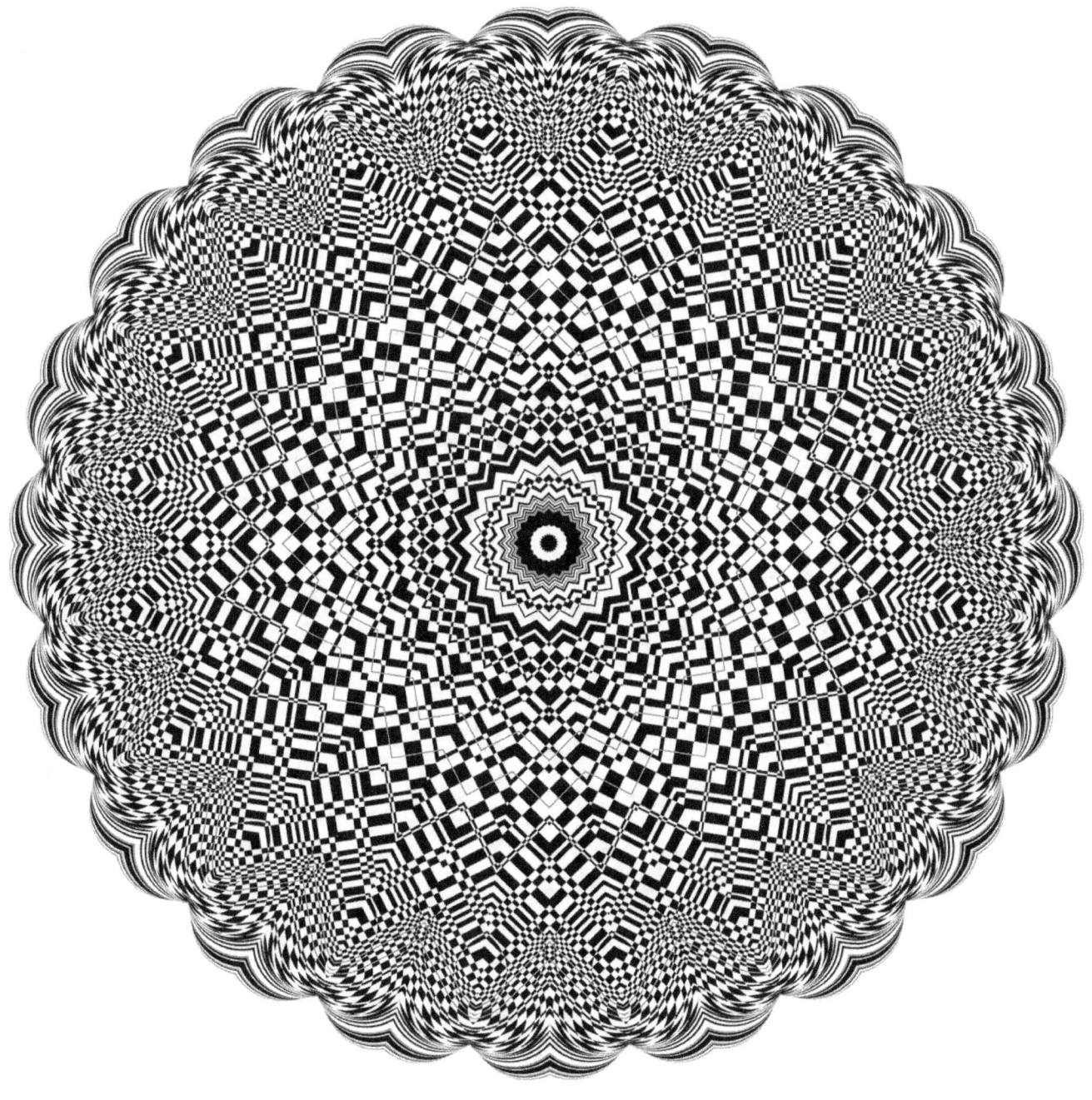

MANDALA DA COLORARE CLASSICI E DI ANIMALI

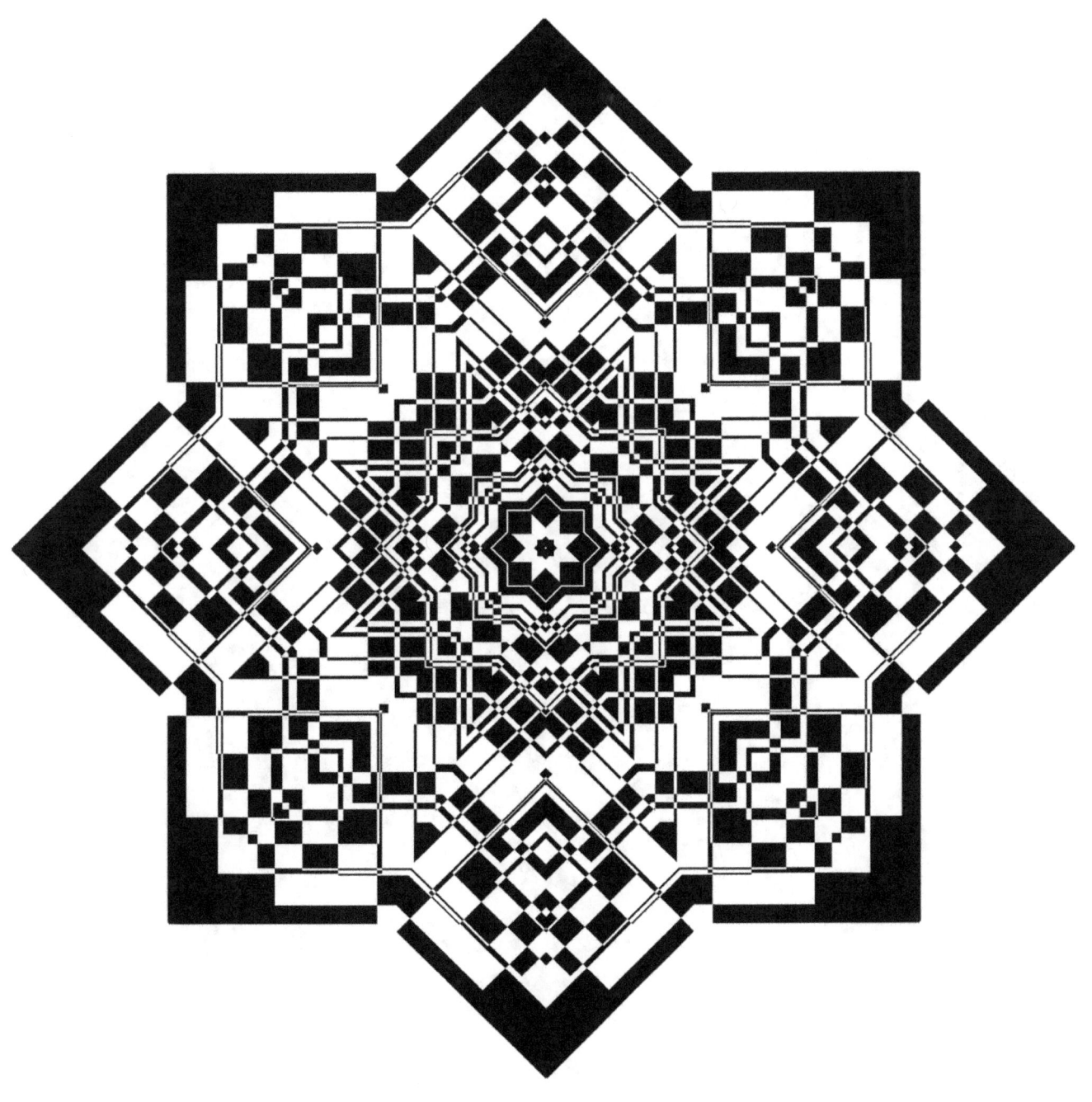

MANDALA DA COLORARE CLASSICI E DI ANIMALI

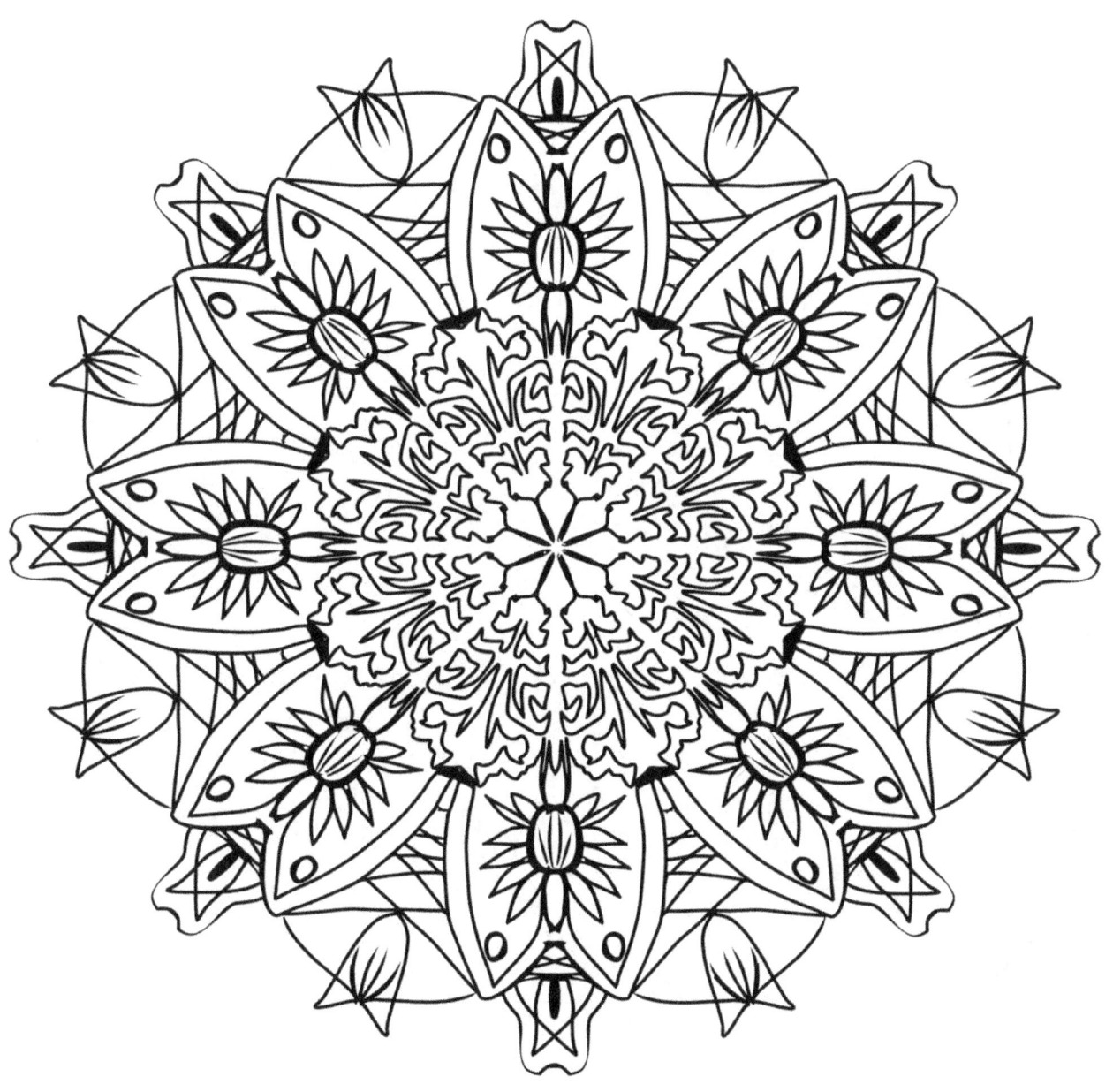

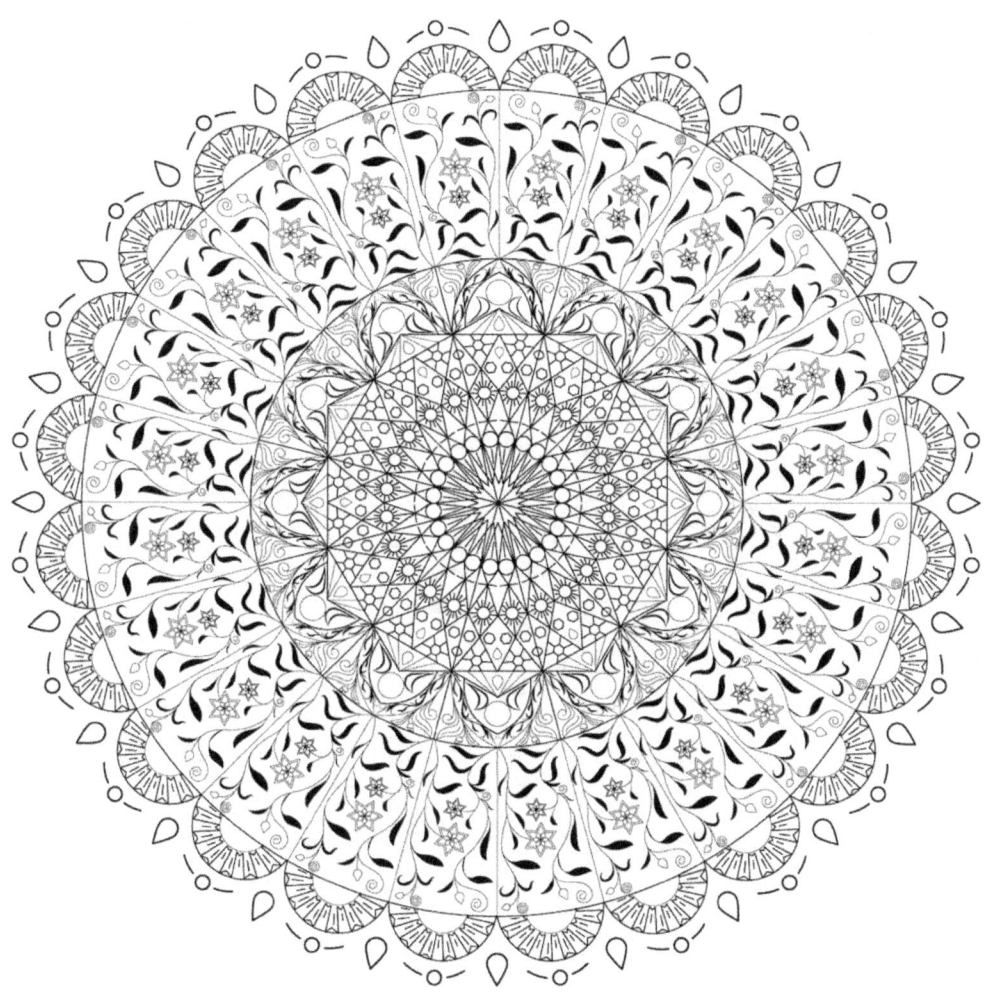

MANDALA DA COLORARE CLASSICI E DI ANIMALI

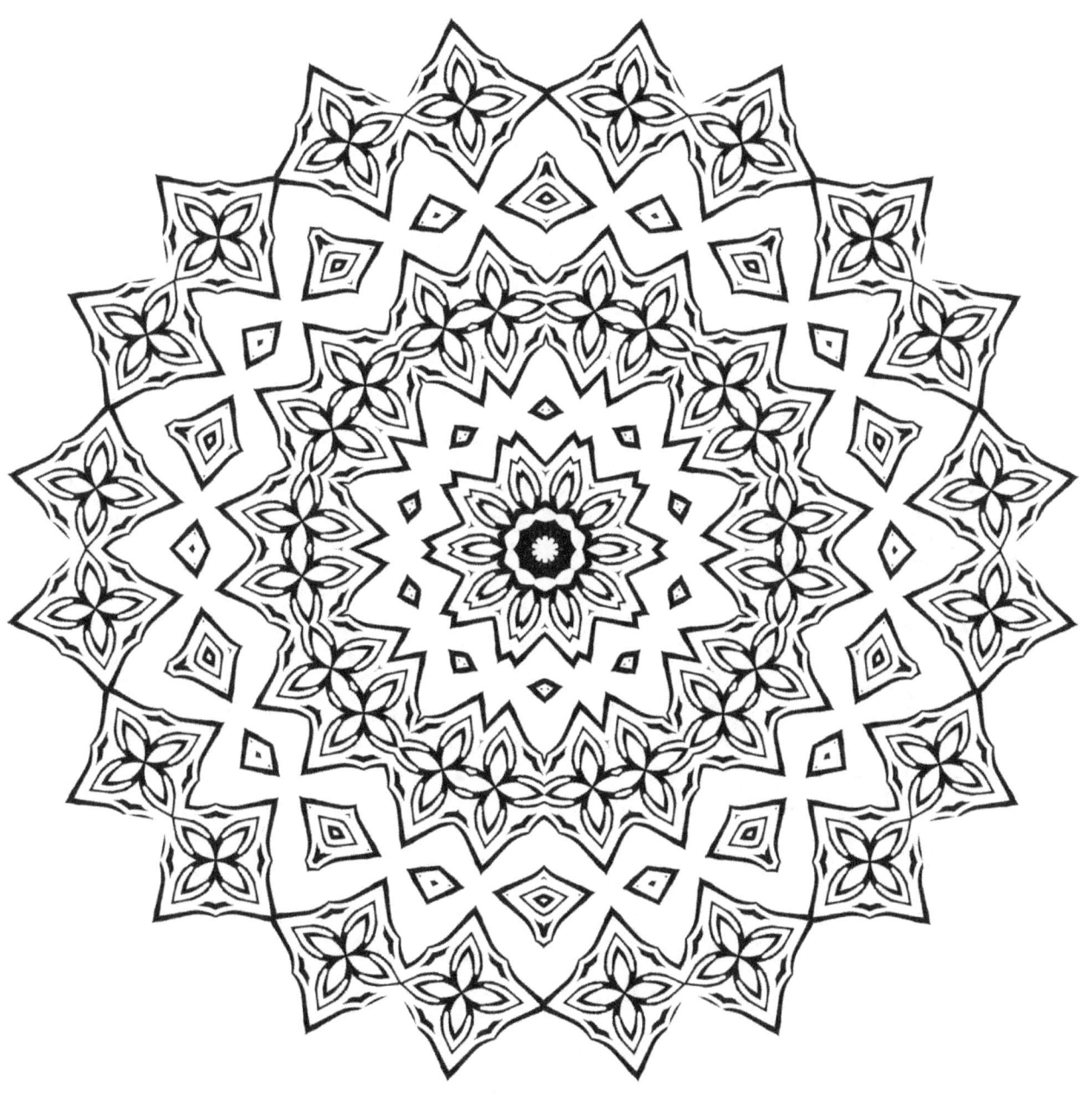

MANDALA DA COLORARE CLASSICI E DI ANIMALI

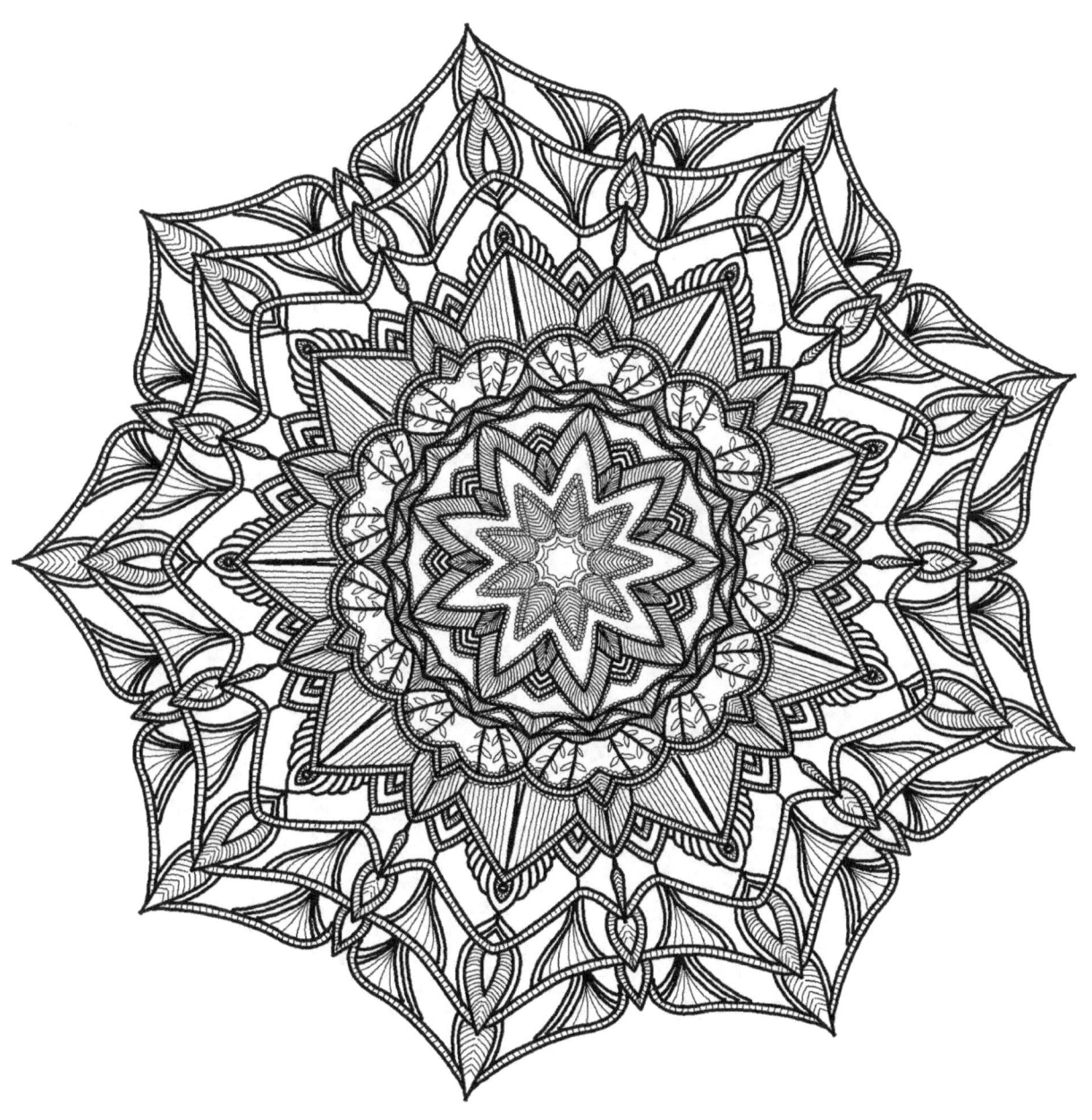

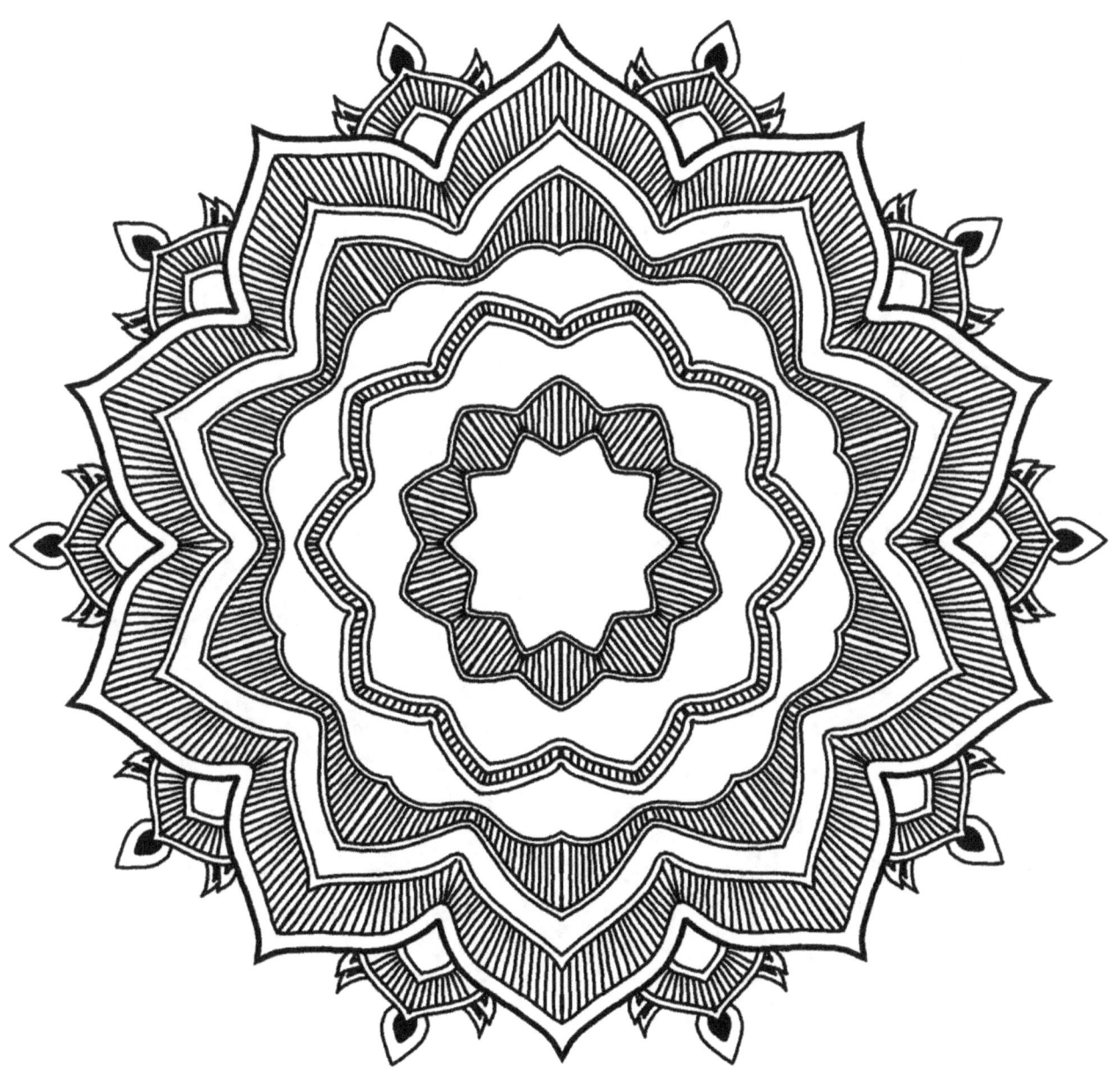

MANDALA DA COLORARE CLASSICI E DI ANIMALI

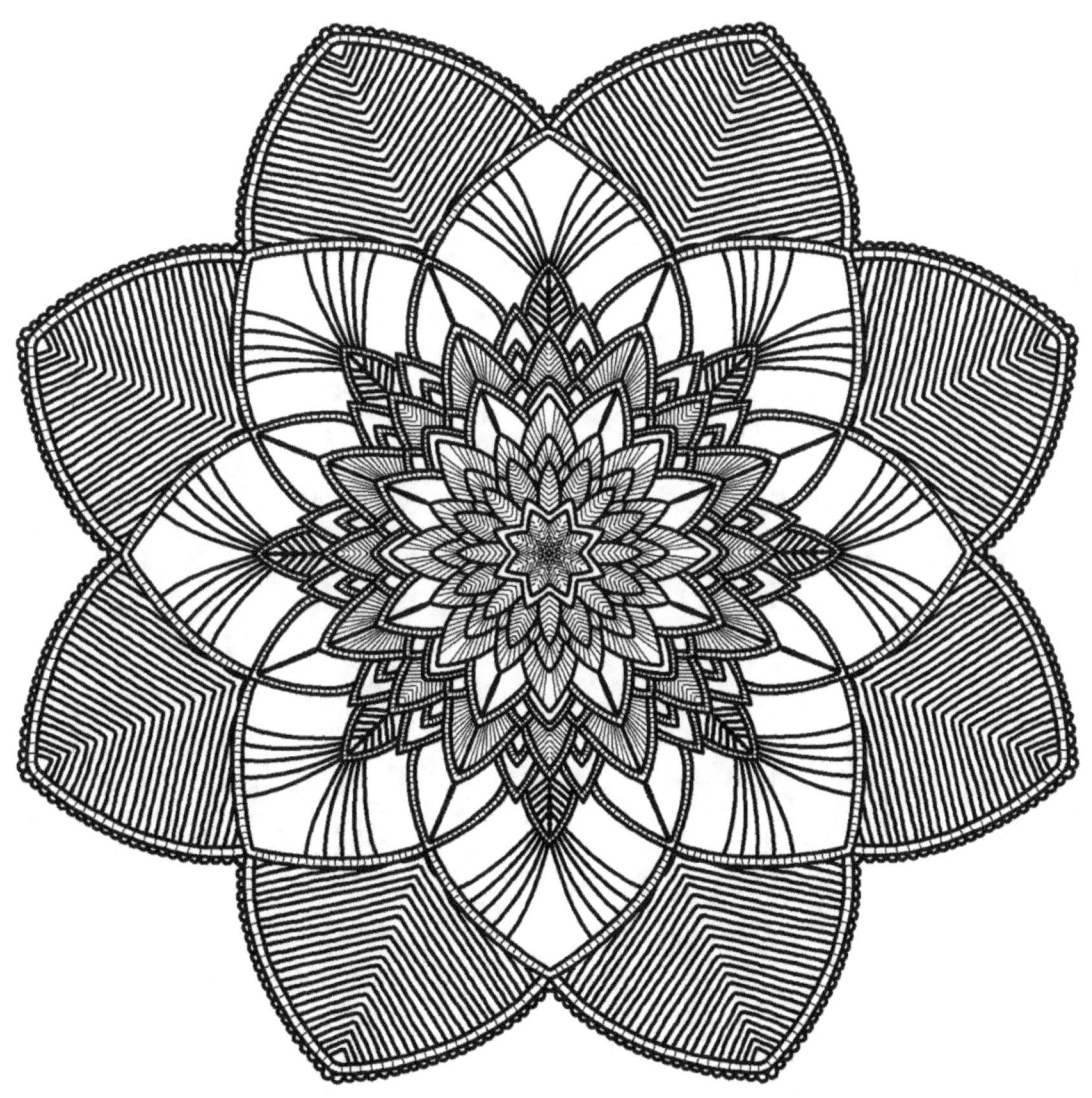

MANDALA DA COLORARE CLASSICI E DI ANIMALI

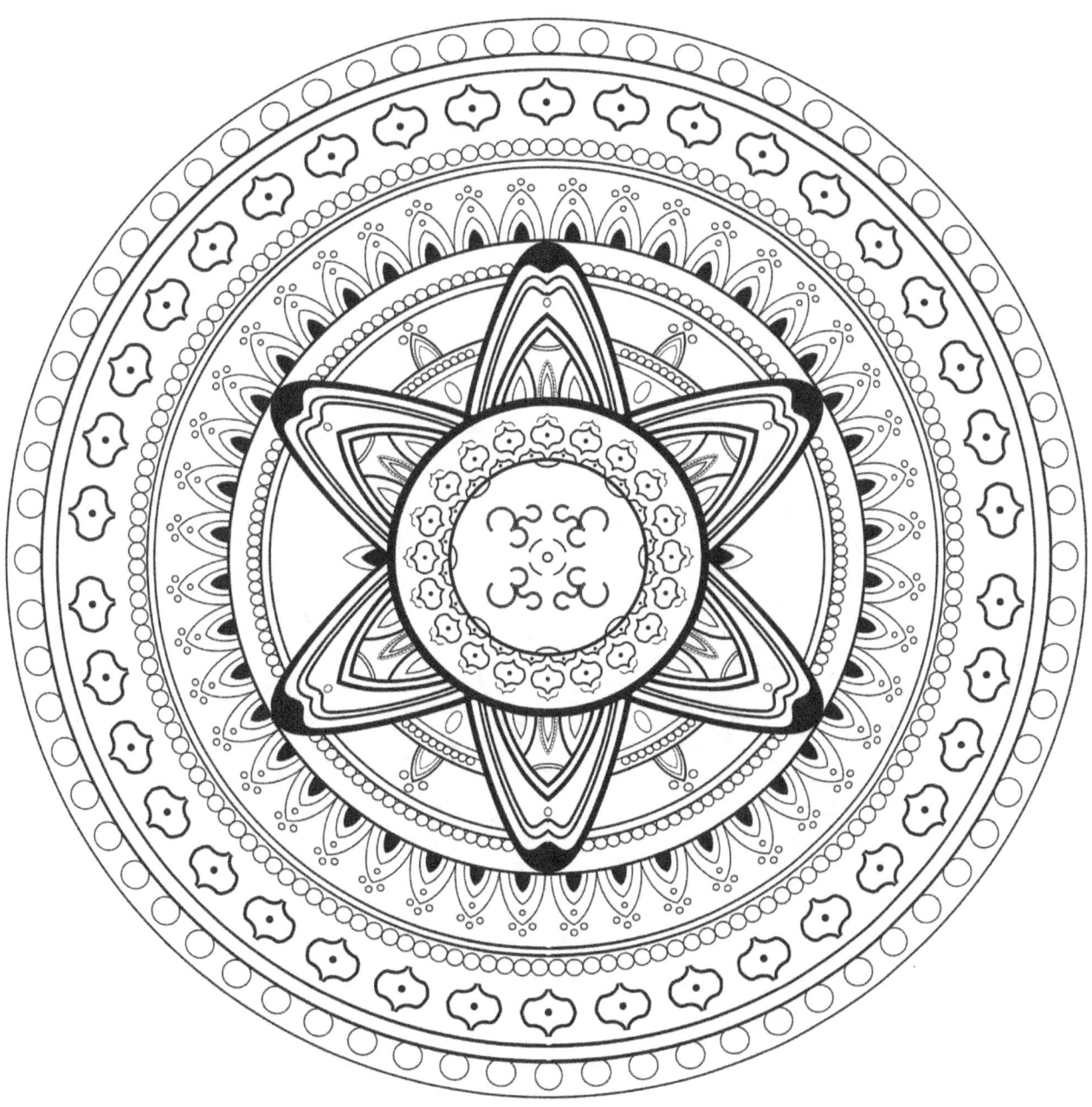

MANDALA DA COLORARE CLASSICI E DI ANIMALI

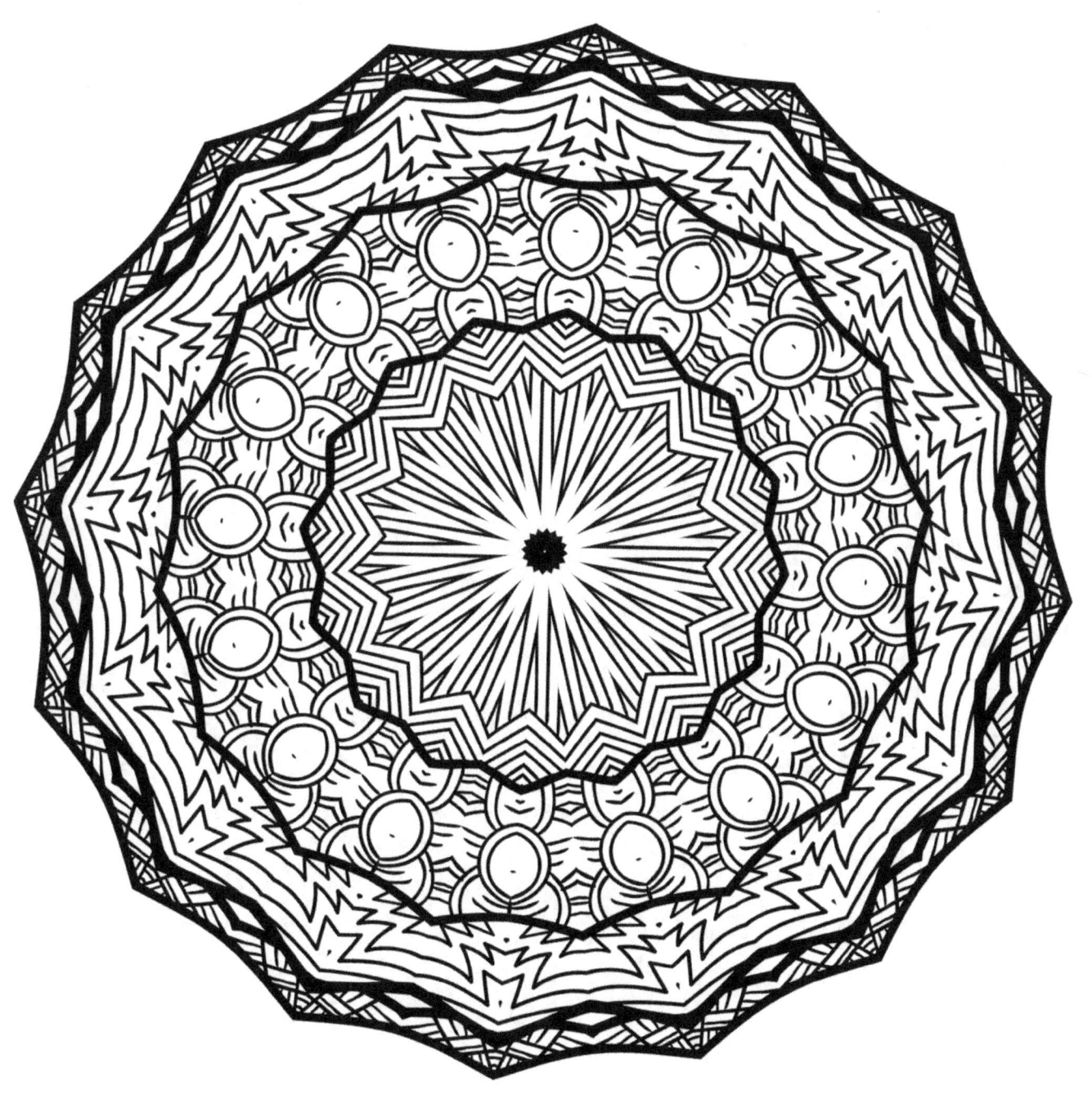

MANDALA DA COLORARE CLASSICI E DI ANIMALI

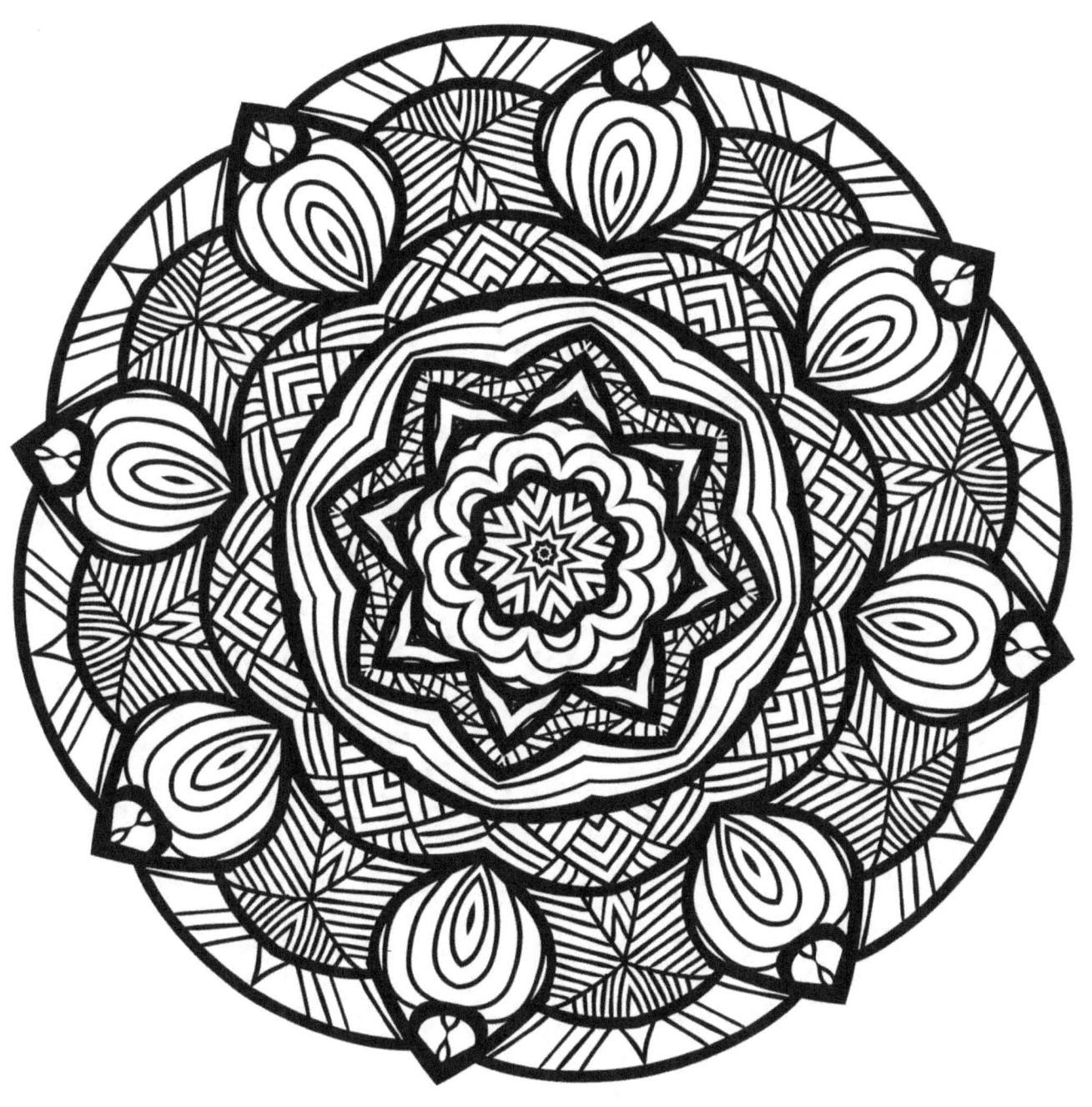

MANDALA DA COLORARE CLASSICI E DI ANIMALI

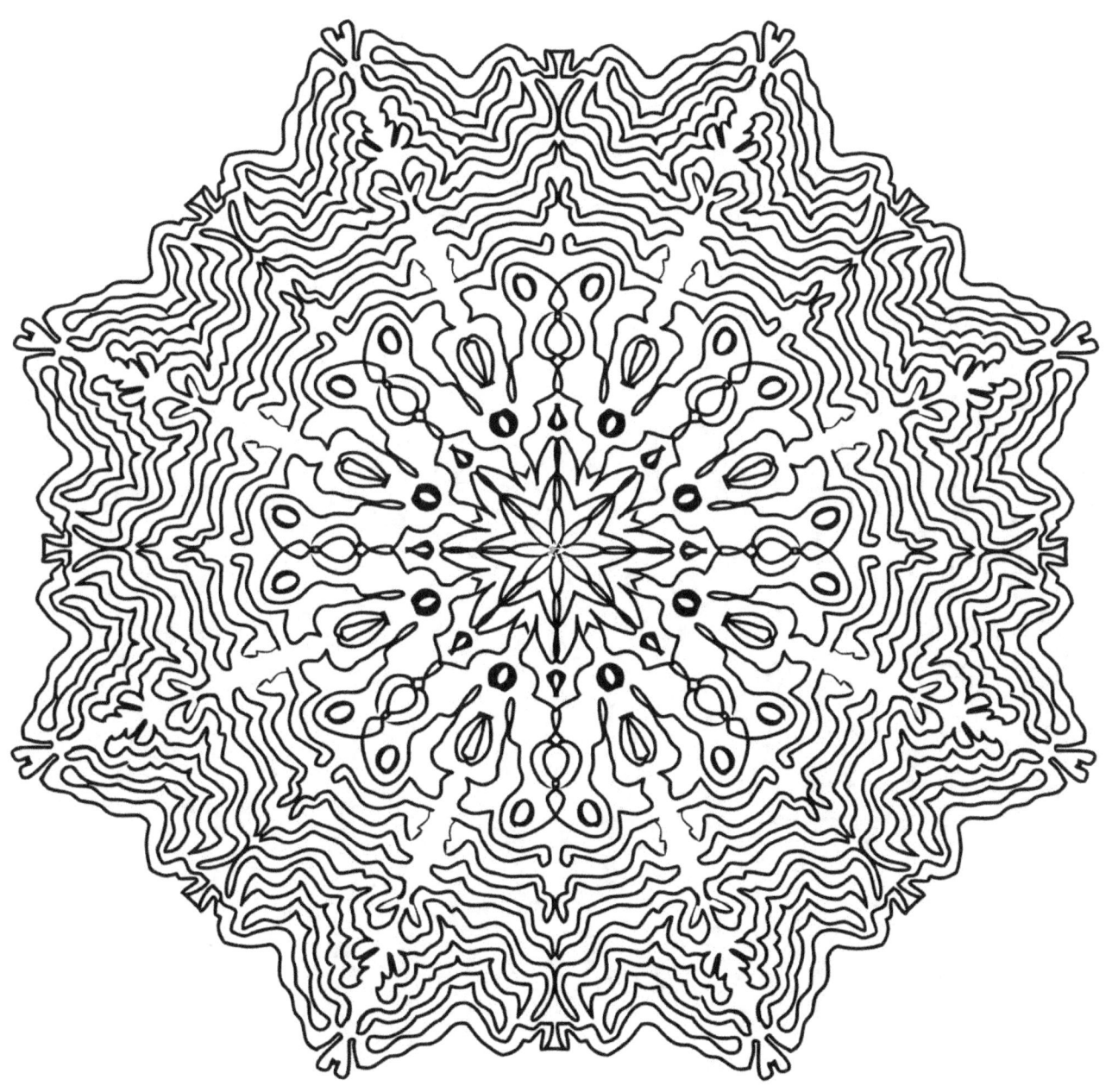

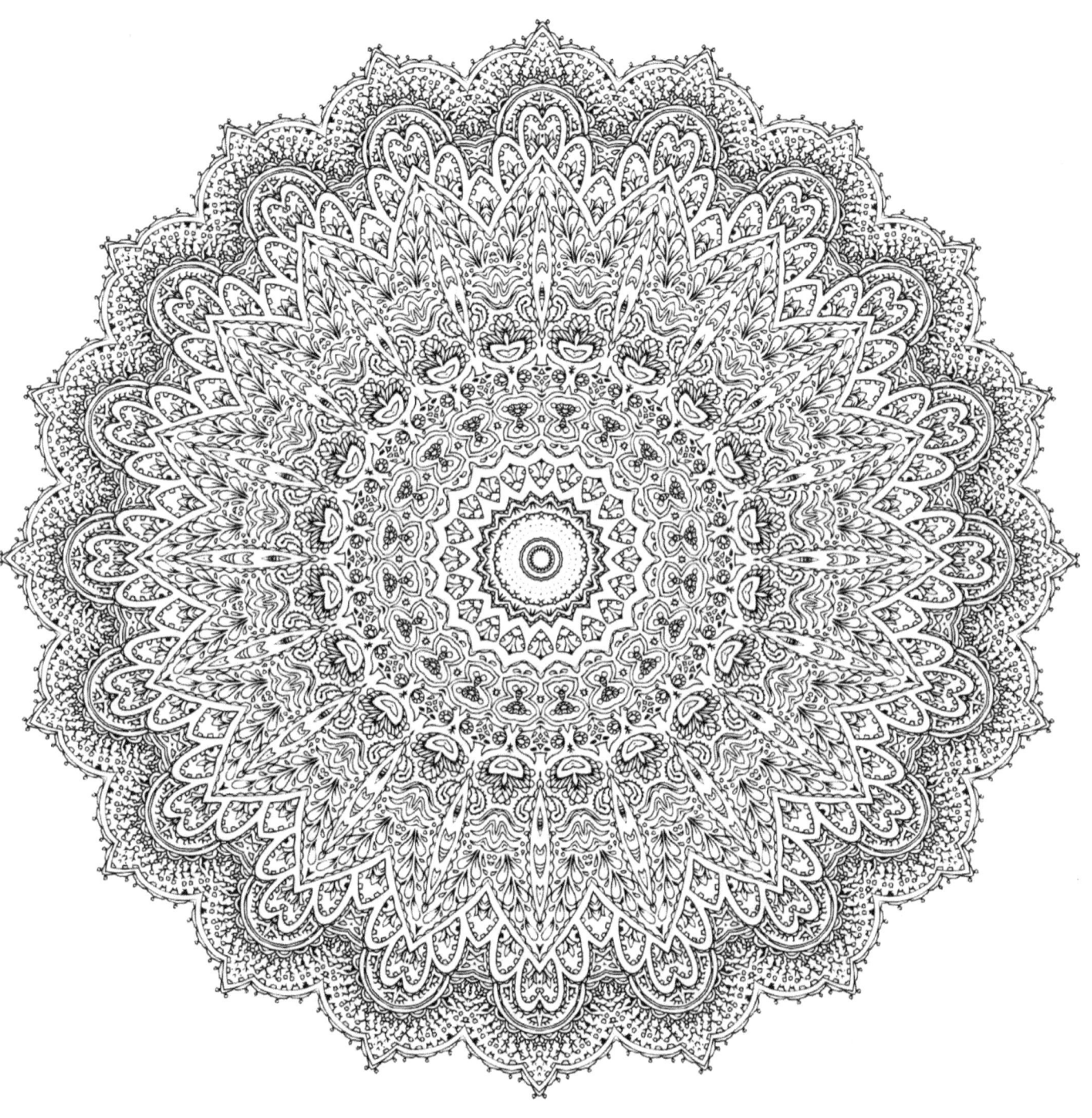

MANDALA DA COLORARE CLASSICI E DI ANIMALI

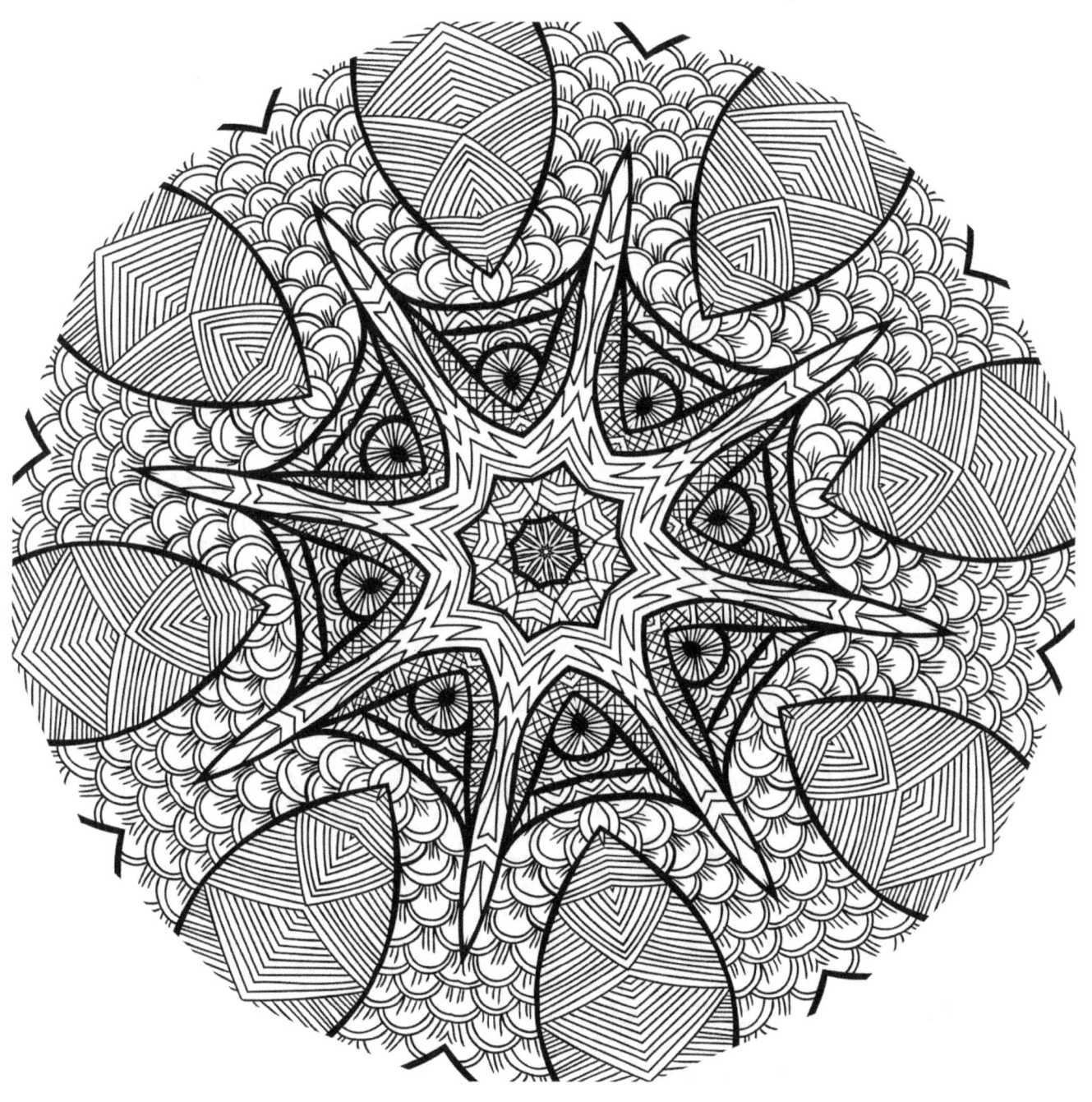

MANDALA DA COLORARE CLASSICI E DI ANIMALI

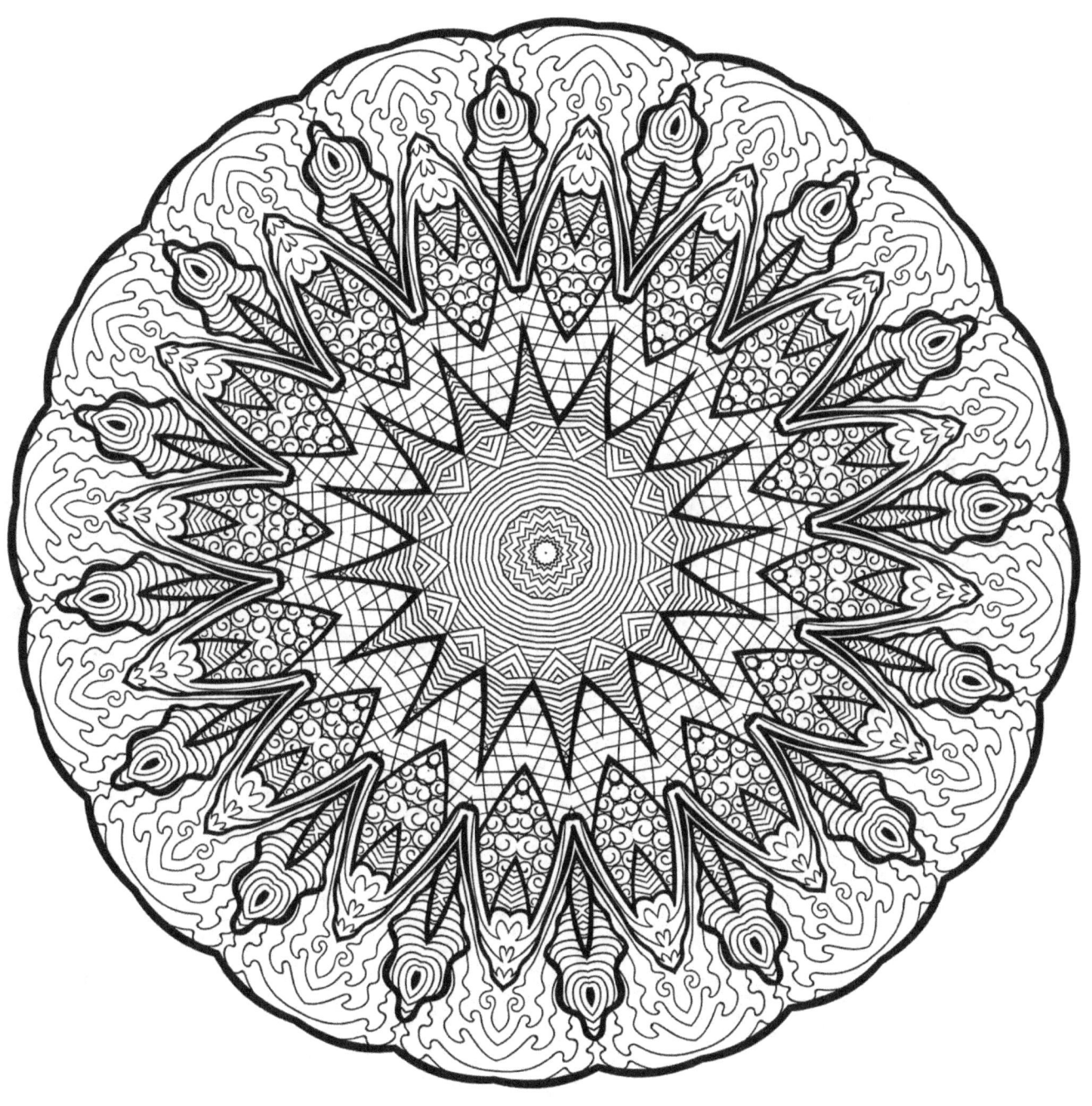

… MANDALA DA COLORARE CLASSICI E DI ANIMALI

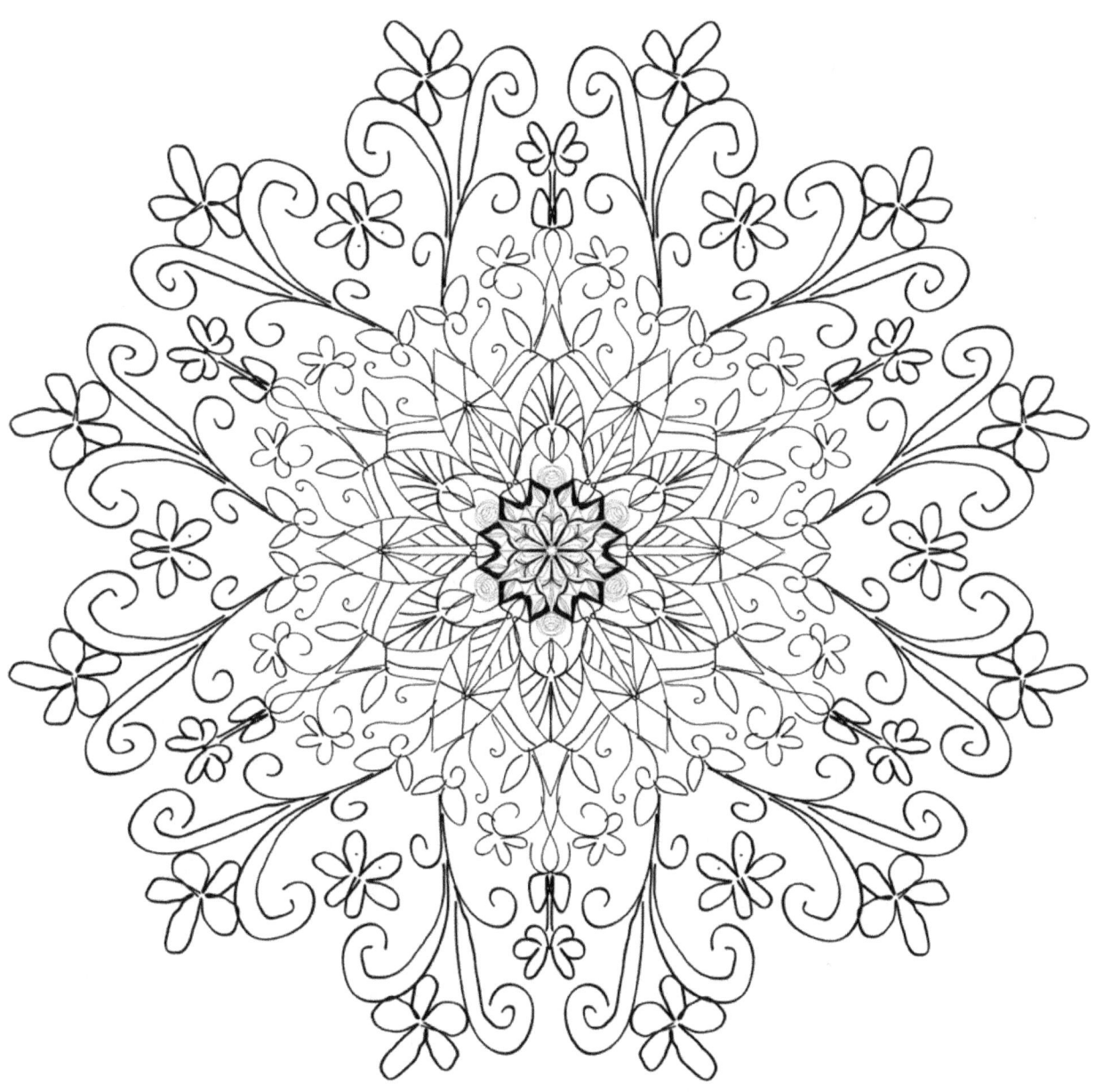

MANDALA DA COLORARE CLASSICI E DI ANIMALI

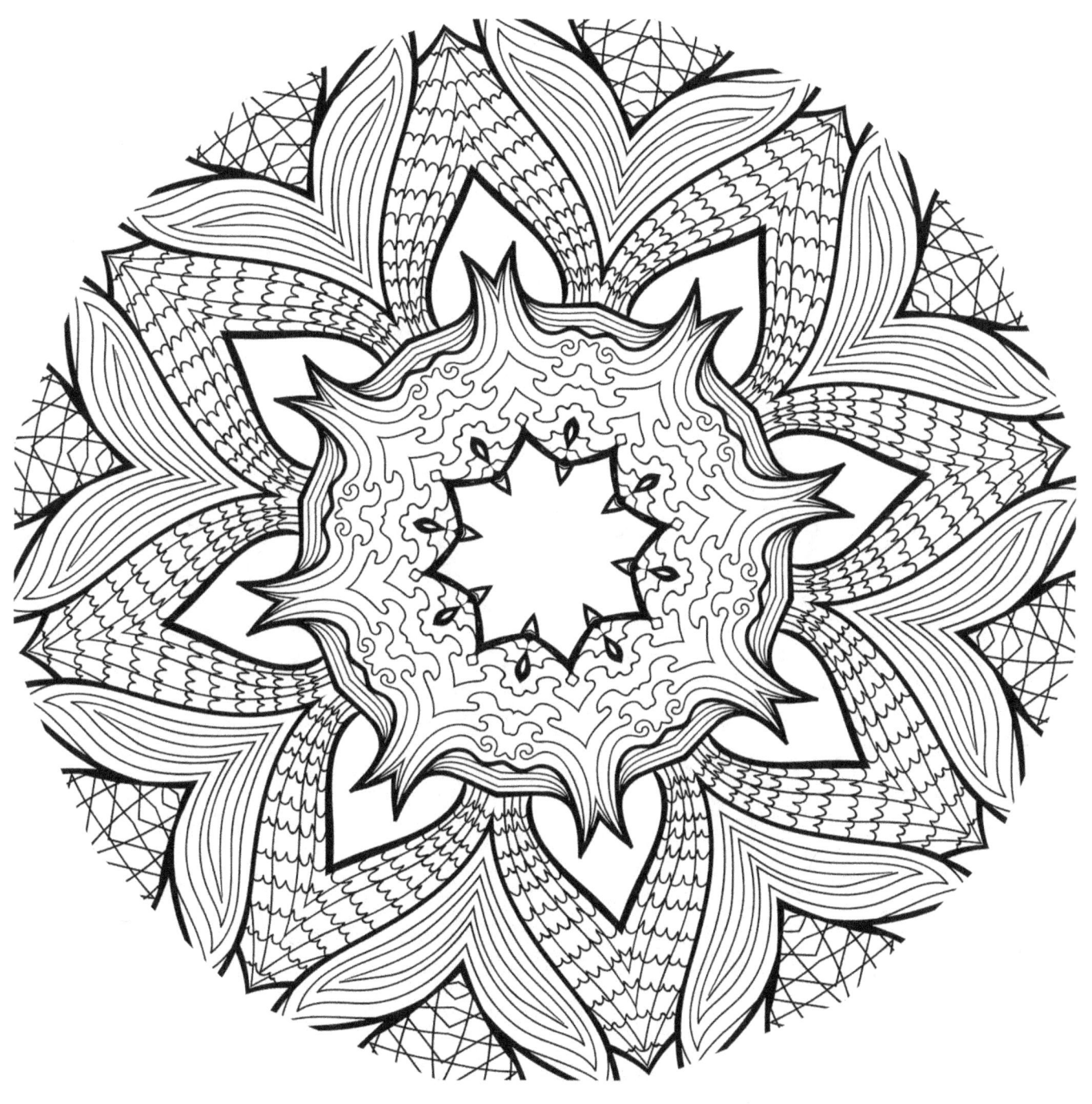

MANDALA DA COLORARE CLASSICI E DI ANIMALI

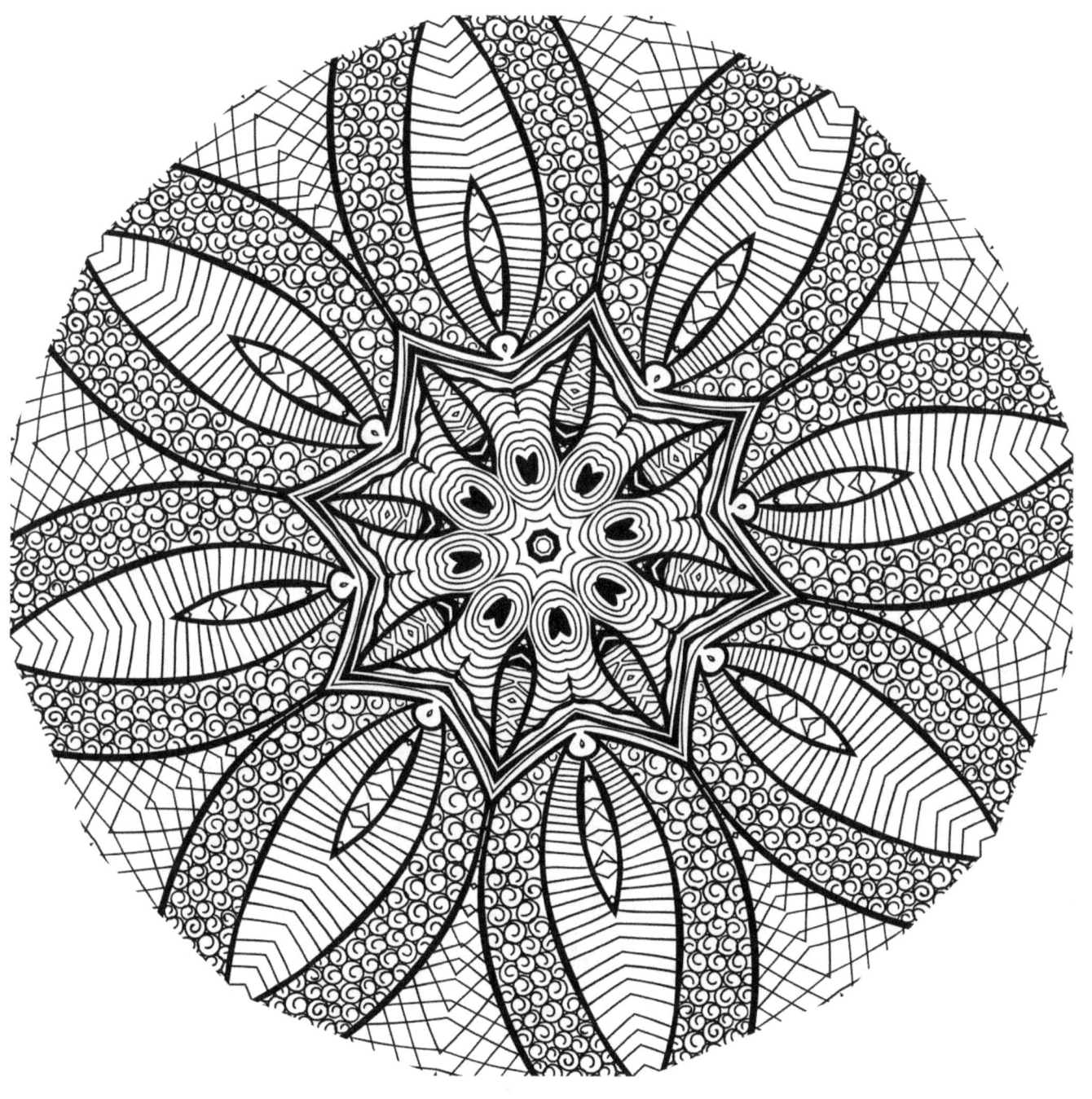

MANDALA DA COLORARE CLASSICI E DI ANIMALI

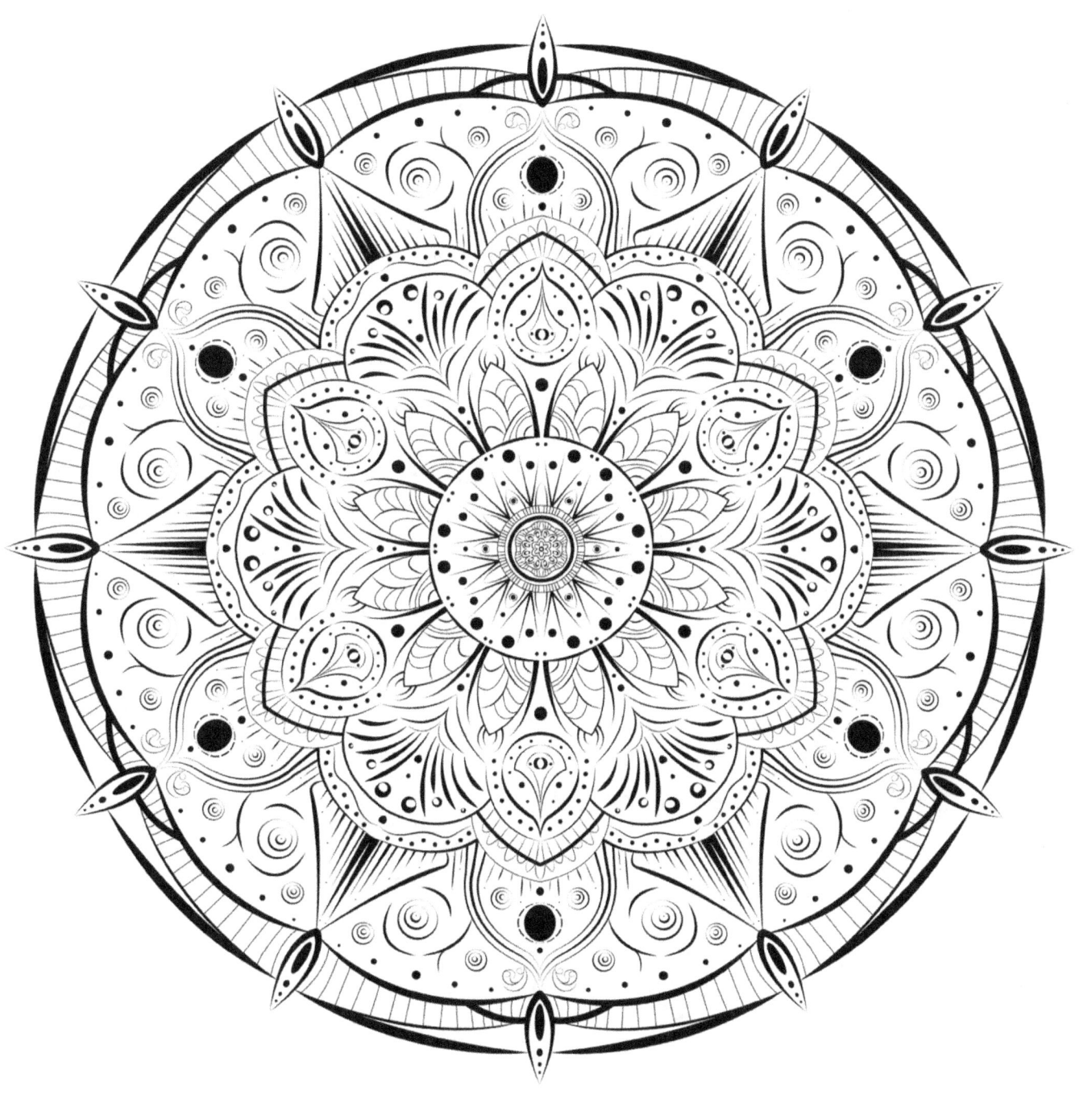

MANDALA DA COLORARE CLASSICI E DI ANIMALI

MANDALA DA COLORARE CLASSICI E DI ANIMALI

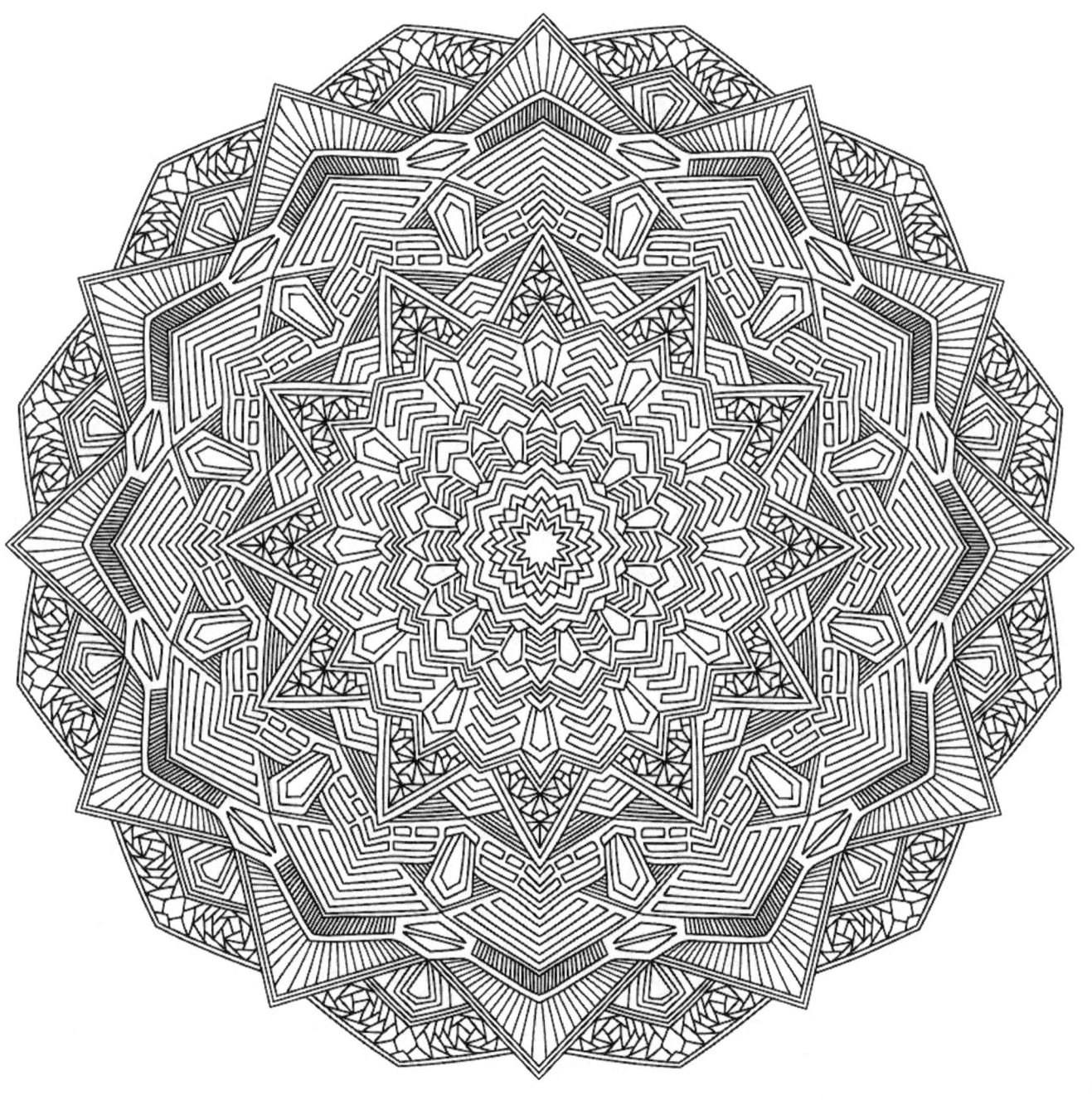

MANDALA DA COLORARE CLASSICI E DI ANIMALI

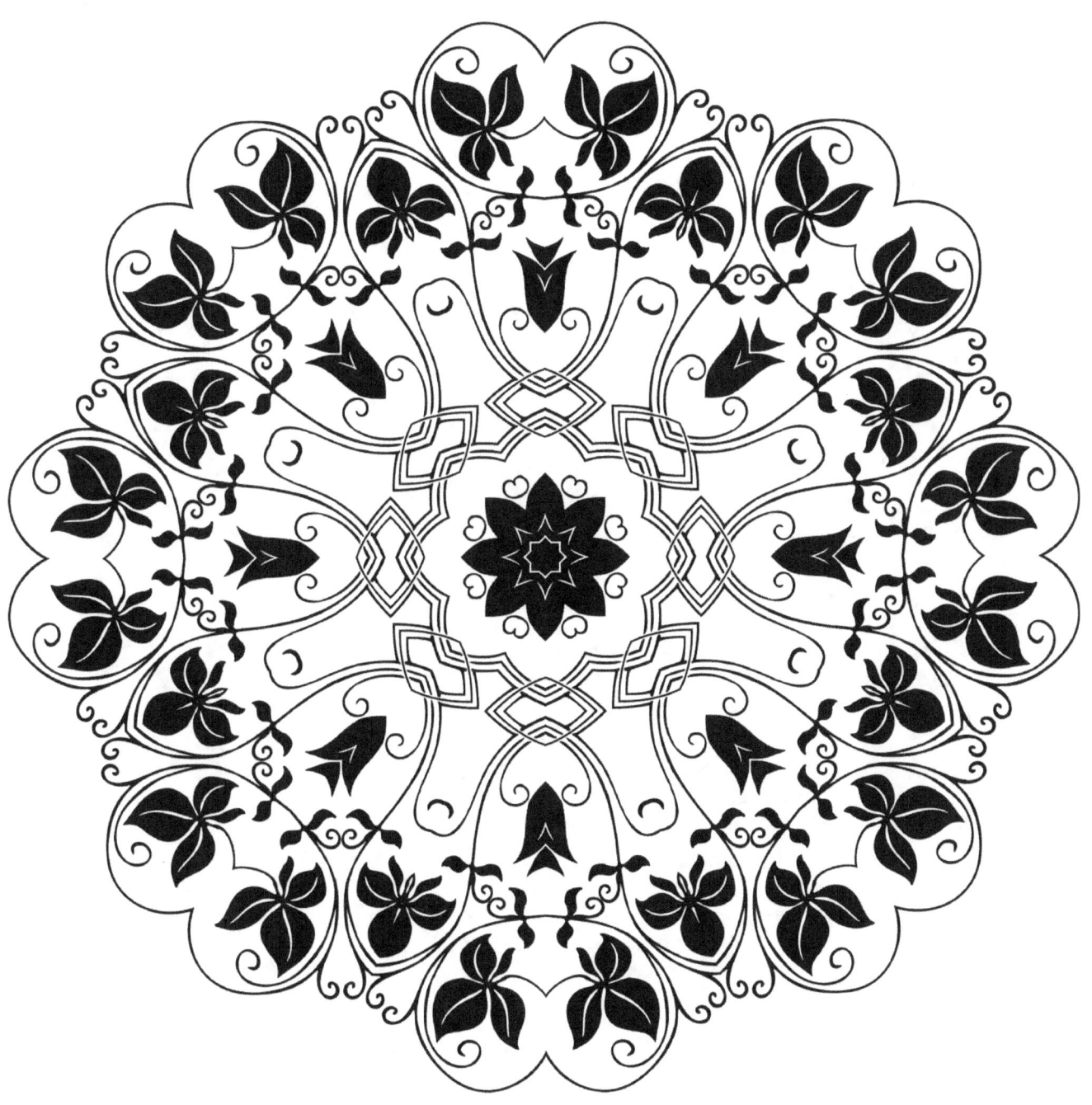

MANDALA DA COLORARE CLASSICI E DI ANIMALI

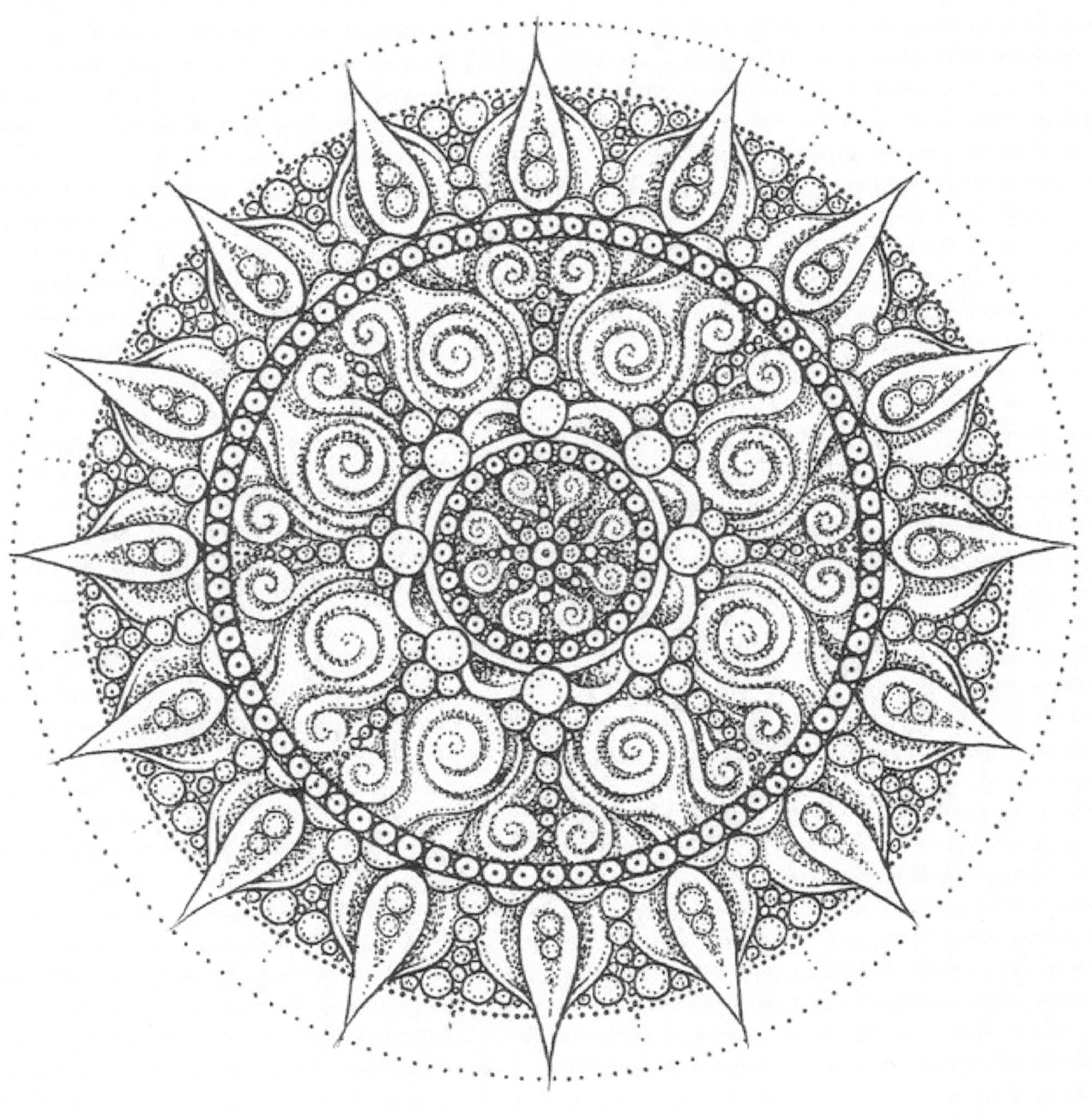

MANDALA DA COLORARE CLASSICI E DI ANIMALI

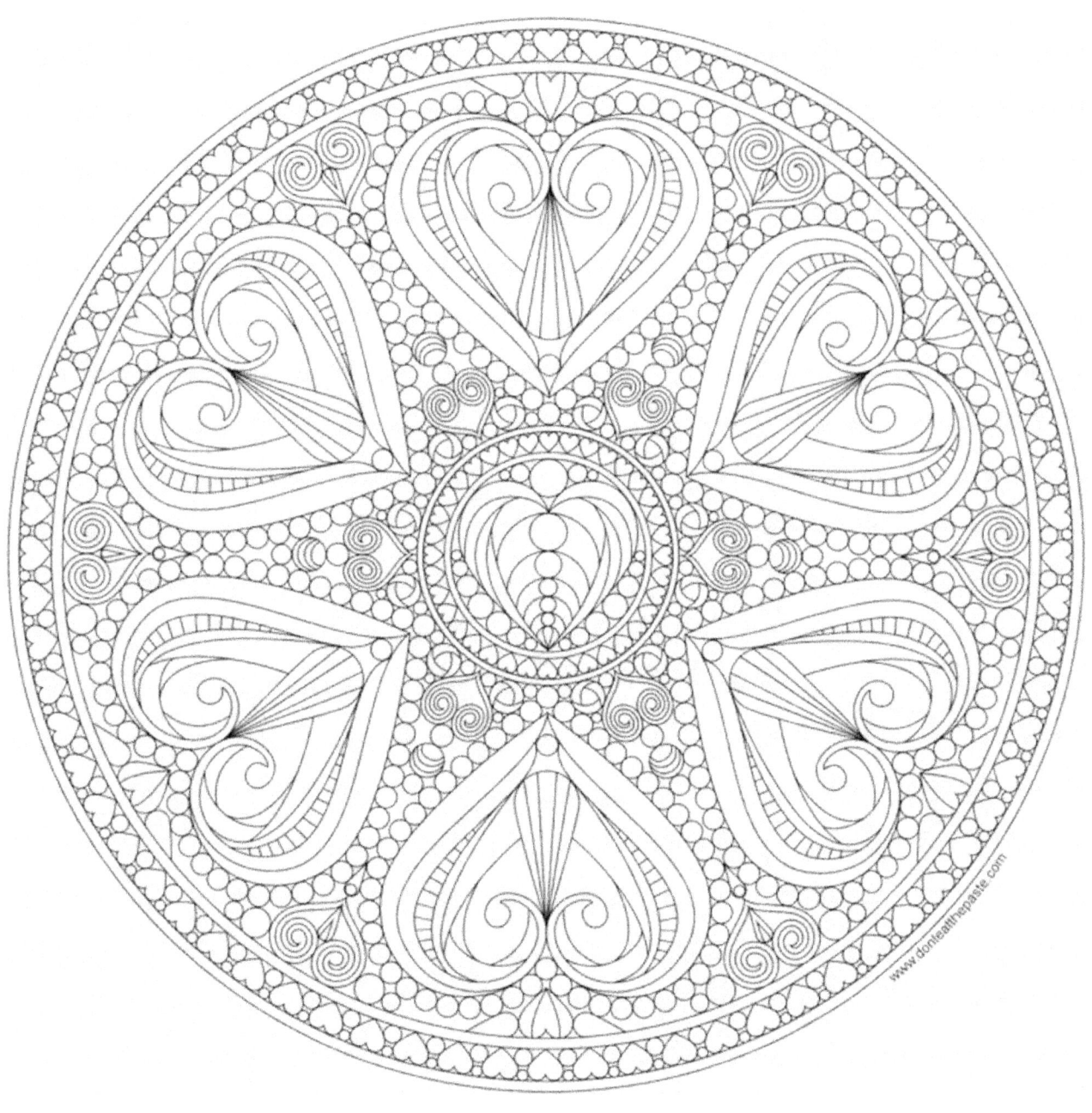

MANDALA DA COLORARE CLASSICI E DI ANIMALI

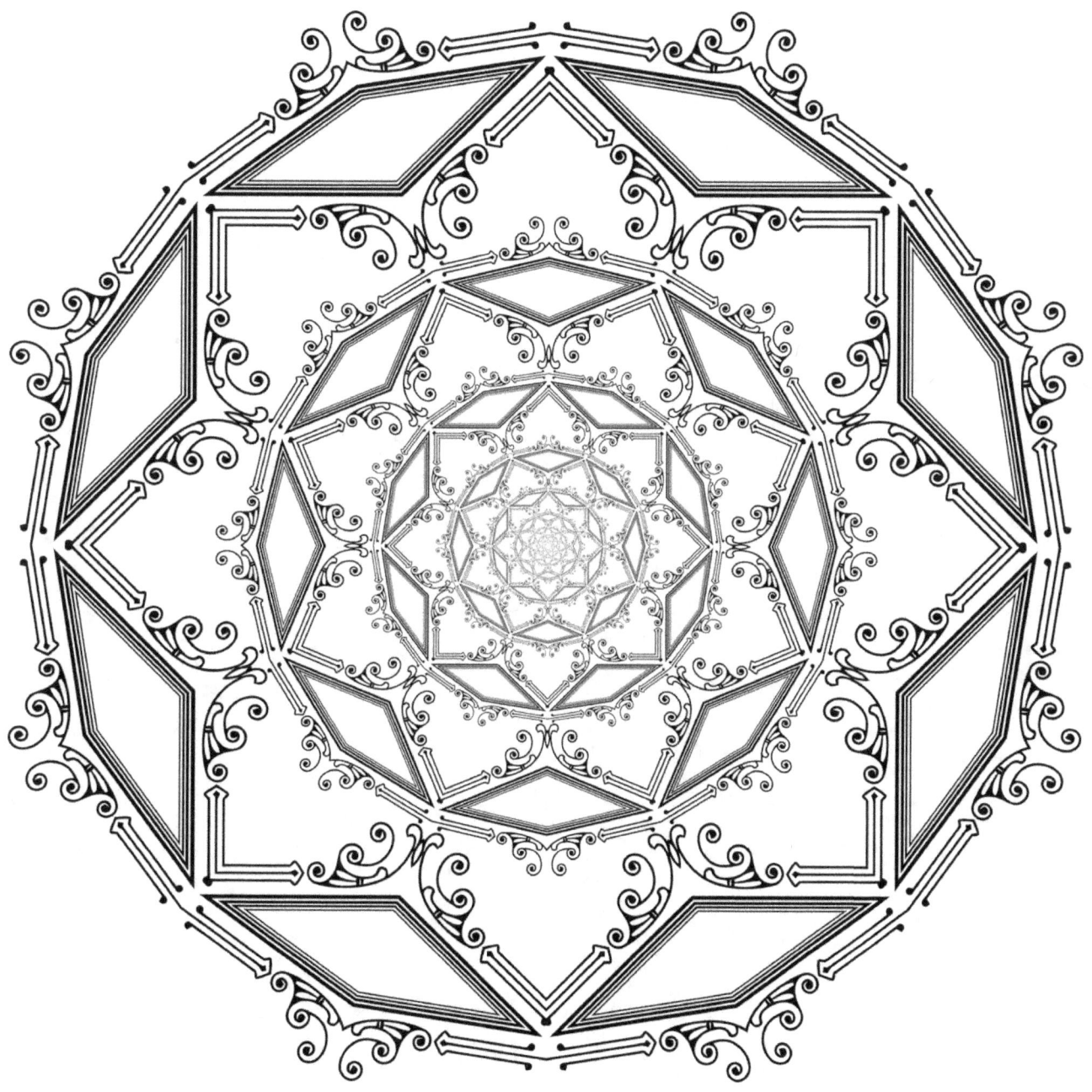

MANDALA DA COLORARE CLASSICI E DI ANIMALI

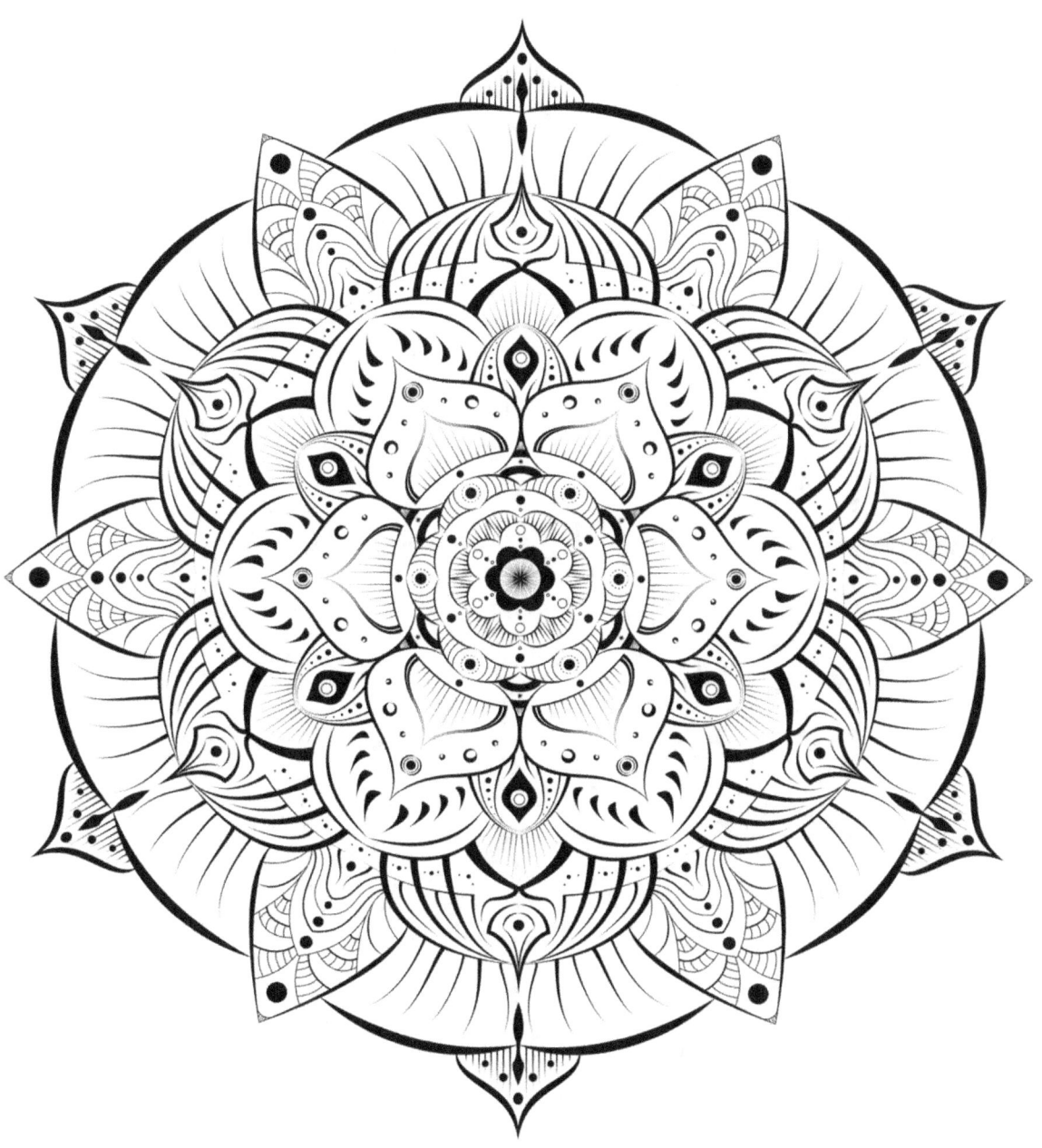

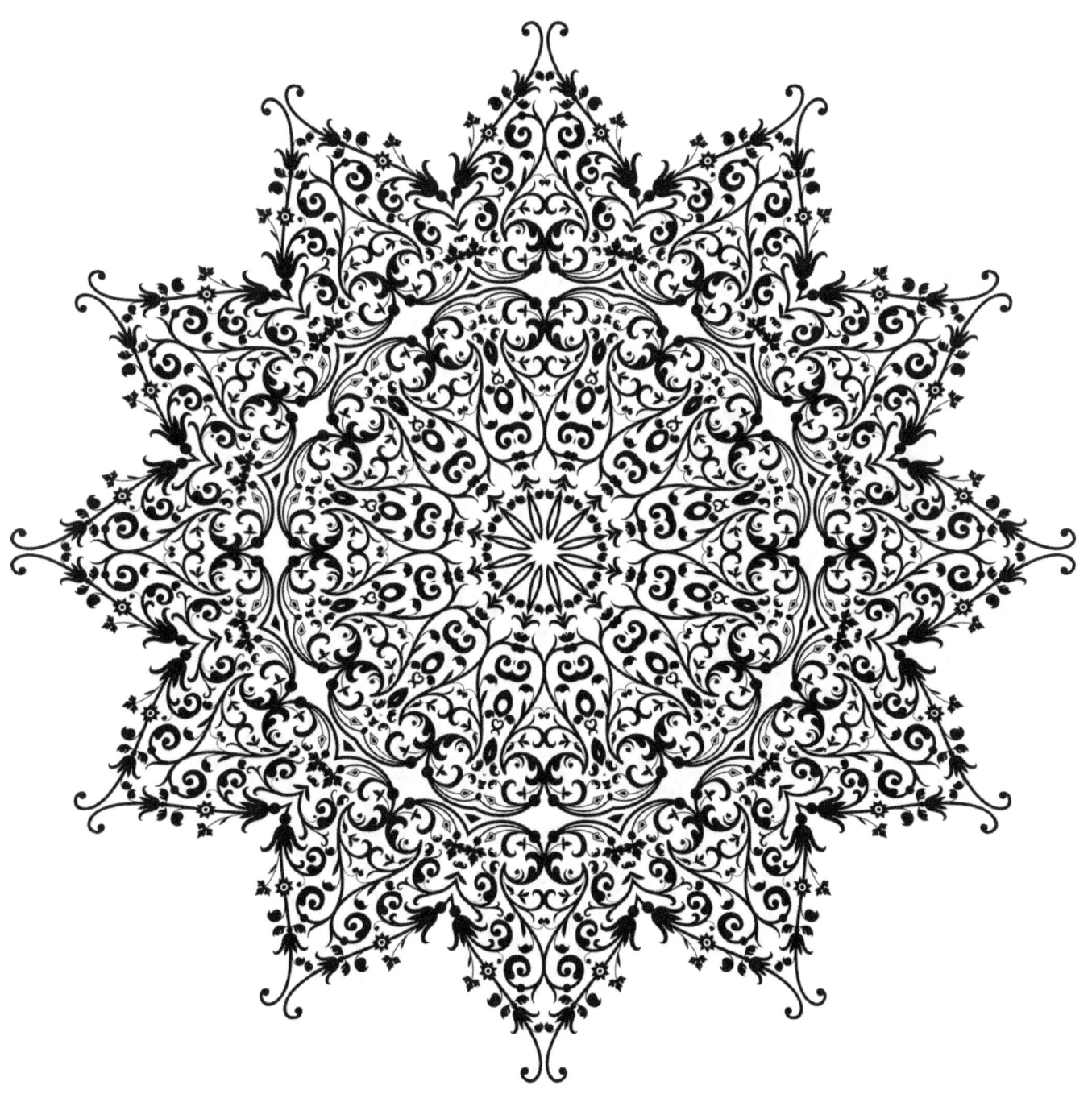

MANDALA DA COLORARE CLASSICI E DI ANIMALI

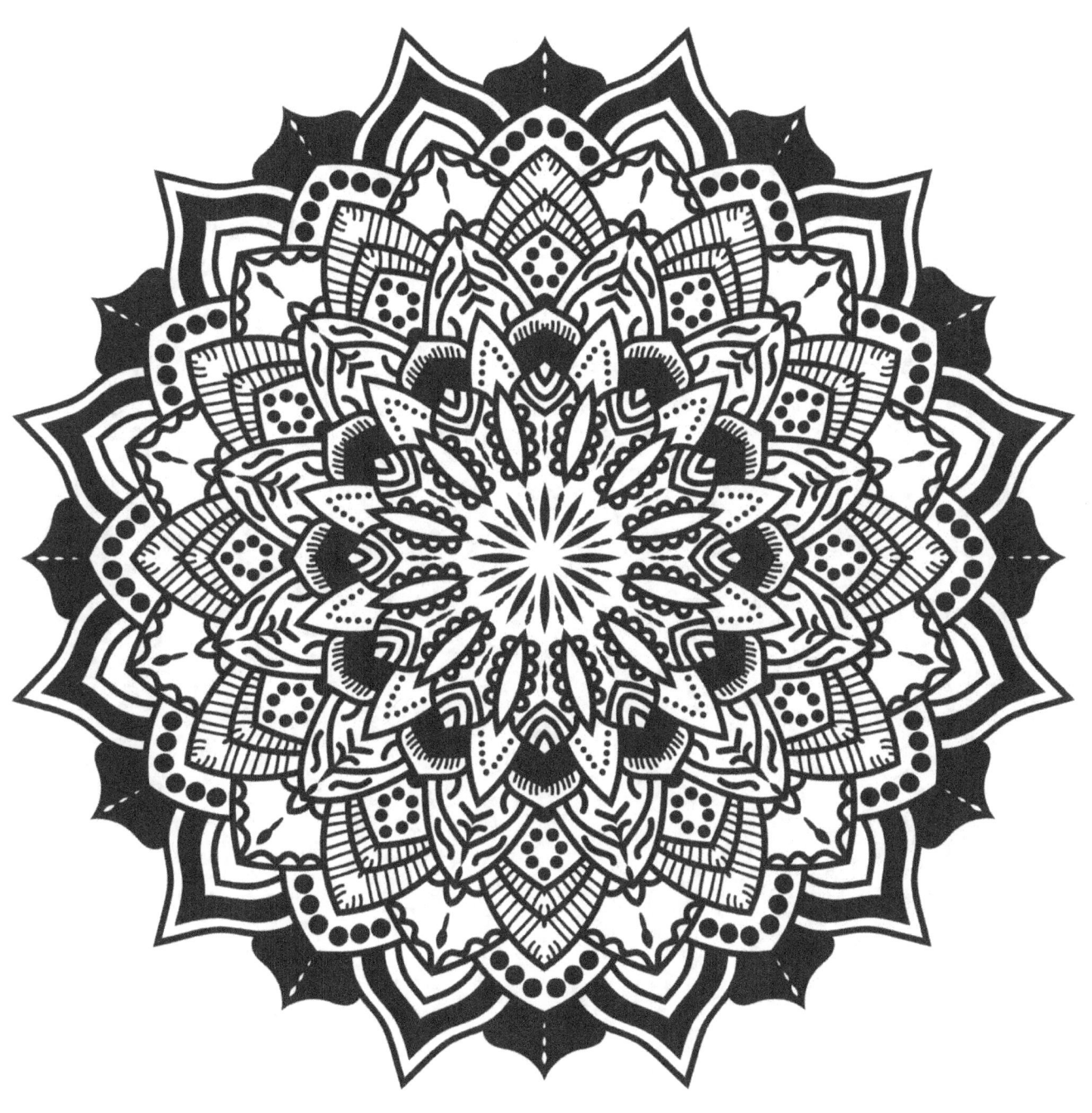

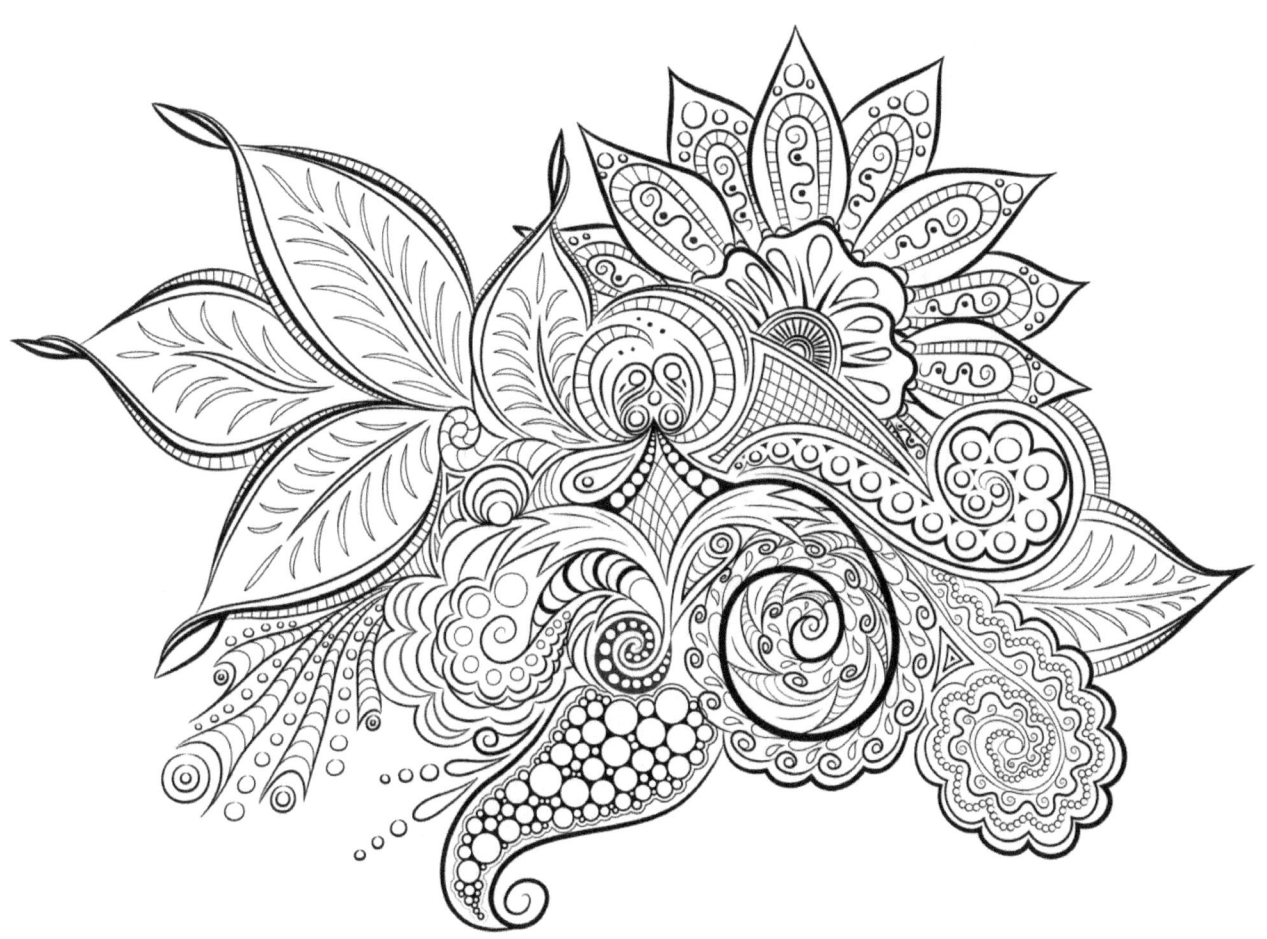

MANDALA DA COLORARE CLASSICI E DI ANIMALI

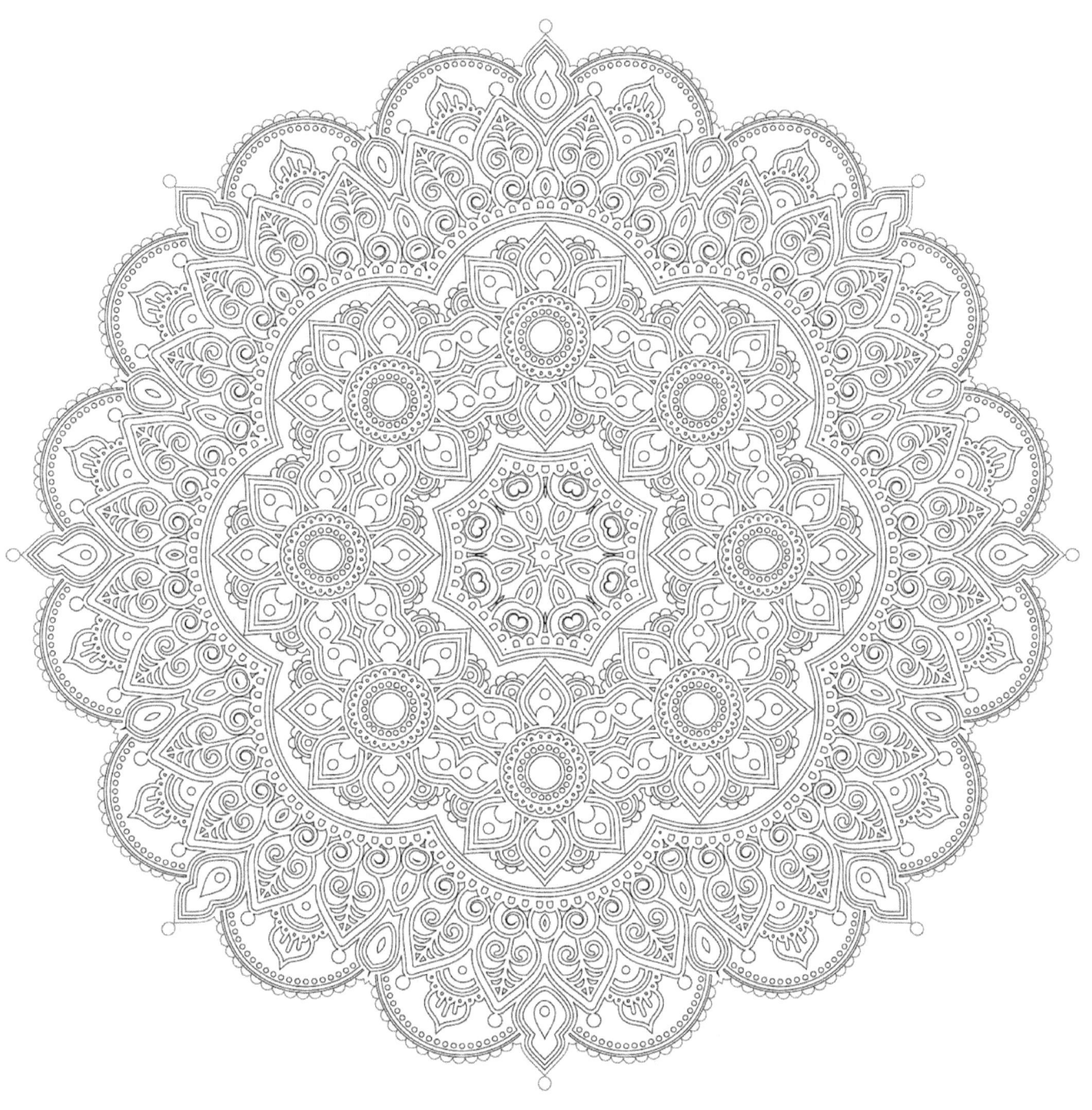

MANDALA DA COLORARE CLASSICI E DI ANIMALI

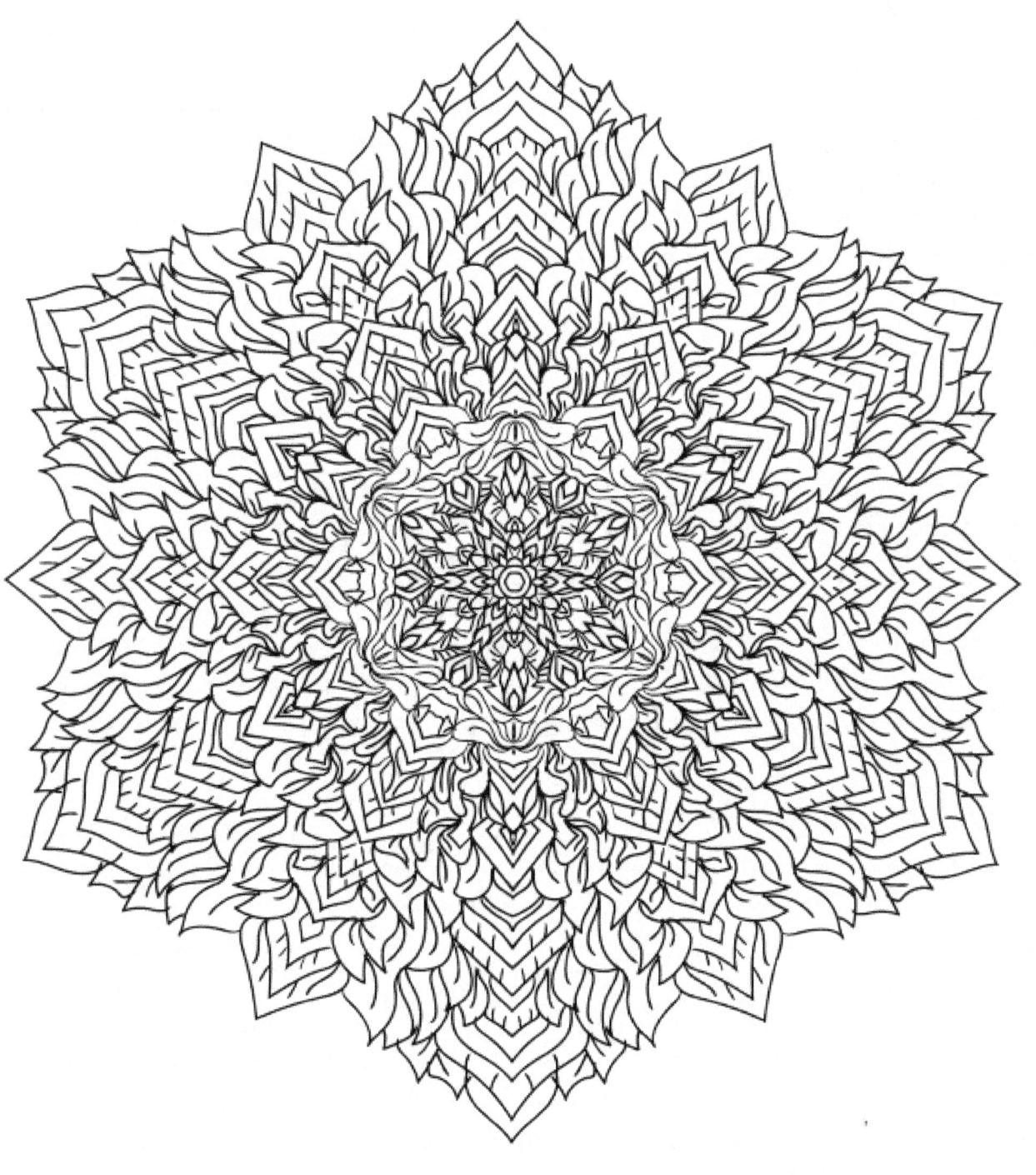

MANDALA DA COLORARE CLASSICI E DI ANIMALI

www.ingramcontent.com/pod-product-compliance
Lightning Source LLC
Chambersburg PA
CBHW081432220526
45466CB00008B/2357